ネガティブな人ほど運がいい!?

メンタリストDaiGo

KKベストセラーズ

神よ
変えることのできるものについて
それを変えるだけの勇気をわれらに与えたまえ。
変えることのできないものについては
それを受けいれるだけの冷静さを与えたまえ。
そして、変えることのできるものと、変えることのできないものとを
識別する知恵を与えたまえ。

"The Serenity Prayer" 大木英夫訳

まえがき

この本をどうやって手にとったかで、なぜあなたの運がわかるのか？

これから「運」に関する本を書こうとしているわけですが、実を言うと世間一般的に「運」と呼ばれているものの大半を、私は信じていません。

ですから私自身、どんなに「絶対運がよくなる」と言われても、「不思議な力をもつ」開運ブレスレットやペンダントといった類の物に手を出すことはありませんし、部屋の中に開運グッズを並べたりもしません。

そんな人間が書いているのですから、この本を読んで急に宝くじが当たるようになったとか、裏庭を掘っていたら大きな金塊《きんかい》が出てきたとか、道を歩いていたら突然、理想の異性が現れて交際を申し込まれたとか……そういうことにはならないはずですし、他にどんな方法があったとしてもたぶんそれはインチキだと思います。

だから万にひとつ、この本を読んでそのような奇跡的な出来事があなたの身の周りで起こったとしても、それと本書はおそらく何の関連性もない、と私は思っています。

ところで、あなたはいままで「運」は自分の力ではどうにもならないものだと思っていませんでしたか。だから開運グッズやおまじないに頼ろうとしていた。でも、あなたも実は薄々は

コントロールできる運に注目する

気づいていたんですよね？　それらのものにほとんど効果がないことを。

いままでそれで宝くじ当たりましたか？

信じられないような幸運が空から降ってきたことがありますか？

当たったという方はこの先を読み進めていく必要はありません。どうぞ、この本を元にあった場所に戻してください。

ひと口に「運」と言っても、運には人間がコントロールできない運とコントロールできる運の2種類あるというのが、私の運に対する考え方です。

ですから、この本はコントロールできる部分にのみ注目して、運を上げていく方法を説明していきます。

では、コントロールできない運とはどんな運でしょう。

たとえば、宝くじです。宝くじの当たりハズレなどは自分の力の範囲ではどうにもなりません。そういったコントロールできない部分でいくら頑張っても意味はない。さっさと手放すことです。

でも、自分が努力すればなんとかなる運もあります。

たとえば、あなたを高みに引き上げ、あなたの人生を変えてくれるような人との、それこそ運命的な巡り会いです。そんなすごい人と出会える確率なんて、普通に暮らしていたら宝くじに当たるのと同じくらいに思えるかもしれません。でも、あなたの努力しだいでその確率を上げることができます。

たとえば外に出て、さまざまなパーティに顔を出すとか、いろんな業種の人と友だちとなるとか……。

そうすれば、家でじっとしているより出会いの可能性はずっと高くなる。そういうのが自分でコントロールできる運なんです。

さて、話は少し変わりますが、**この本の『ネガティブな人ほど運がいい!?』というタイトルを目にしたとき、あなたは「ネガティブ」と「運がいい」という2つの言葉のどちらに注意を引かれましたか。**

運が悪い人は「ネガティブ」な言葉に強く反応し、運がいい人は「ポジティブ」な単語に反応する。これには心理学的な裏付けがあります。

「ネガティブ」に反応したという人は、もしかするとネガティブな方向につい気持ちが向かって自ら運を落としている人なのかもしれません。

一方で**「運がいい」に反応**した方は、ポジティブで幸運を探すのが巧い人なのかもしれない。なぜなら、運のいい人は日常生活の中でも、ポジティブな面だとか、自分にとって運のいい場所に注目して生きている人だからです。

だから「ネガティブな人ほど運がいい」というのは間違いなのです。

だったらどうして、『ポジティブな人ほど運がいい』にしないで、そんなタイトルにしたのかとあなたは疑問に思うでしょう。

タネ明かしをすると、この相反する言葉を並べることで、あなたがどちらの言葉に引かれるかで、あなたの性格を知りたかったからです。

「運がいい」に目をとめた人は、自分で運を手に入れる能力があるのかもしれません。さらに自分の運を高めていく方法を学べます。

「ネガティブな人」に注目してしまった人は、本書を読むことで運がいい方に目が向けられるようになります。

ちょっとベタな言い方になってしまいますが、この本を手にとった時点であなたはとても「運がいい人」だと言うことができます。なぜなら、あなたはいまこの瞬間、幸運の入り口の扉の前に立っているからです。

目次

まえがき　この本をどうやって手にとったかで、なぜあなたの運がわかるのか？ —— 3

第1章 「運」はコントロールできる!? —— 13
苦しい環境の中に隠された幸運を見つける —— 14
誰も見たことがないのに誰もがあると信じている運 —— 17
宝くじが当たっても不幸になってしまうのはなぜ？ —— 19
コントロールできる運とコントロールできない運を見極める —— 23
運がいい人は「運任せ」にしない —— 24
生物の進化も運次第だった —— 30
幸運や不運が続くのには理由がある —— 34
運をアップするには「試行回数」と「精度」しかない —— 38

第2章 自分からみすみす運を手放す人の行動とは？ —— 41
宝くじ当選者のアドバイスで運はよくならない —— 42
それでも買いますか？　55％持っていかれる日本の宝くじ —— 44
一攫千金を狙うと運が悪くなる —— 47
運のよい人は期待で人生を操る —— 49

2万円勝って3万円失うギャンブラー 50
「確率」はいい加減なことが多い 53
幸運ストーリーは必ず「盛られて」語られる 55
宝くじを予感で買っている人たち 59

第3章 「運がいい人」のカンの鋭さの秘密 63
運のよい人は直感に従い、運の悪い人は直感を無視する 64
ためらわず話しかけることで、チャンスが舞い込む 67
直感で仕事を選び、重要な選択をする 69
「ある」と思っていれば、そこら中にチャンスがある 72
最初の2秒の印象を信じ切れるかどうかで、結果が変わる 74
腸内環境を良くするとカンが鋭くなる!? 77
自分だけのラッキーナンバーを探す 79

第4章 「運がいい人」がやっている意外な習慣 83
平凡な日常を楽しむと運がよくなる 84
ニュース番組を見ると運が悪くなる 86

不運を大きく感じるようにできている人間 89
悪いことが起きた時は、もっと悪いことを考える 91
欲しいものを具体的に意識すると、運よく手に入る 93
運のよい人は寄り道を楽しむ余裕がある 95
小さなことにこだわらないことが運をよくする秘訣 97
キャリアの8割は偶然で決まる(計画的偶発性理論) 99
運の悪い人ほど詐欺に引っかかりやすい 101
感情をコントロールするには、言葉にすること 104
道ばたでお金を拾い、運命の出会いを実現させる心理学 107

第5章 他人から上手に運をもらう方法 111

第三者との出会いこそが幸運の正体 112
ニッチな共通点を見つければ出会いはものにできる 113
真似するだけで運がよくなる 118
話題が豊富な人は出会いを幸運に変える 120
運がいい人の3つの心理学的特徴とは? 122
すごい人脈よりも身近な人脈を大切にすると運が巡ってくる 125

「もってる人」はこれを強く信じる――129

第6章 ネガティブな人ほど幸運のチャンスがある――131

多少はネガティブな方が長生きする――132
ネガティブ思考になりやすいのはなぜなのか――135
不運を乗り越えたいなら、自分の可能性を絞らないこと――136
最高のタイミングをつかむために必要な「降りる」技術――139
寝る前の3行日記で幸せになれる――143
ツイている！と思い込めば、美女と出会える――145
予定に空きを作っておくと予想外のチャンスが飛び込む――147
過去の不運ではなく、未来の幸運を盛って話す――150
運のよし悪しは朝の2時間で決まる――151

第7章 最悪の事態からでも運はよくなる！――155

最速で失敗すれば、ゆくゆくは成功に変えられる――156
不運が起きたら、最悪のケースだった場合を考える――161
最悪を受け入れる覚悟があれば、大胆に行動できる――167

運がいい人は集中すべき20%を知っている 170
「上を向いて歩こう」は科学的に正しい 173

第8章 失敗からどう学ぶかで運は変わる 175

「がんばる」と「休む」のメリハリをつける 176
なぜ運がよかったのかを考える 178
やり残したことが、あなたの運を奪う 180
新しいことに挑戦する癖をつける 182
手を洗えば不運がリセットされる 185
やさしく失敗を振り返ったほうがリベンジが成功する 187
原因探しをしすぎない 188
怒りの感情で限界を突破する 190
なぜかいつも貧乏くじを引いてしまう人 191
折れない心が運をよくする 195
過去をどう見せるかで将来が決まる 198
つまらない仕事でも自分で工夫して面白くする 200
不運なときこそ、爪を研いでチャンスに備える 201

第9章 恋愛運と金銭運の真実、そっと教えます——203
株式投資はチンパンジーにやらせるのが一番儲かる!?——204
恋愛運はフラれた数に比例してアップする——207
かまってちゃんは即ブロックする——210
捨てれば運はよくなる——211
選択肢を絞ると運がよくなる——214
最も運がいいのは、挑戦できる若さを持っている人——216
金運をよくする方法を書かなかった理由——218

あとがき 運がいい人は、てるてる坊主を作る前に、傘をかばんに入れる人——220

第１章

「運」は
コントロールできる!?

苦しい環境の中に隠された幸運を見つける

人間は、いつどこで、どんな環境の下に生まれるかを自分では選択することはできない。

だから、生まれたときからある程度はもう「運・不運」は決まっている。

あなたはそんなふうに思っていませんか？

私自身のことをお話すると、自分が人生の中でいちばん運がよかったと思うのは、祖父と母が読書家だったということです。

物心ついたときから私は本に囲まれて育ってきました。

家の中には文学書から娯楽小説、世界思想全書といった類まであらゆる本が揃っていたのです。私がその家に生まれたのは、確かに自分で選び取りようのない偶然、つまり自分ではコントロール不能な運ですが、読書好きになるのはある意味必然でした。

そうやって生まれた環境を使って、たくさんの本からさまざまな知識を得ていくうちに、当然、人間一人ひとりが抱えている運命や運といったことも考えるようになります。

なにしろ古今東西の文学や小説と呼ばれる書物が描く一大テーマのひとつが、目に見えない運命や運に翻弄《ほんろう》される多種多様な人間たちだからです。

そうやって読書を重ね、考えを深めていくうちに、人間が体感的に感じている「運」というものがいかにあやふやで、曖昧で、とりとめのないものかということがよくわかってきた。だからそれを自分の頭でもう一度、一から考え直し、再構築してみたい。それがこの本を書くひとつのきっかけになったのです。

最初に書いたように、人間は生まれてくる時代や場所、環境などを自ら選択することはできません。誰もがうらやむ恵まれた環境の下に生まれてくる人もいれば、不遇な環境の下で育つ人もいます。その時点で人間の運・不運は半分決まってしまうように見えるかもしれませんが、決してそうではないことはこれまでの歴史が証明しています。

極貧の家庭に生まれながら企業家や政治家、アーティストとして活躍し、大きな成功を収めた人もいれば、裕福な家庭で何不自由なく育った人が犯罪に手を染めたり、堕落してどん底に落ちて最後は野垂れ死にの一生を終えたなど、例を挙げていけば本一冊には収まりきれないでしょう。

結論めいた言い方になるかも知れませんが、人間の運の良し悪しというものは、けっきょく自分に配られた「運」という名のカードの意味を正確に汲み取れるかどうか、そこにかかっているのではないかと私は考えています。

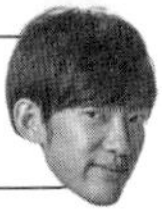

**苦しい環境の中にも
幸運はある**

私自身の例を挙げれば、読書環境に恵まれていたこと。これは大きなプラスのカードでした。

ところが、その一方で私は小学校の頃から中学2年生まで学校の成績は悪く、見た目も髪は天然パーマで太っていてメガネをかけていて、まさにイジメの恰好の対象でした。その頃の私は、そんな辛い生活がいつか変わることを心の底で願いながら、鉛の塊《かたまり》を飲み込んだような重苦しい日々を送っていました。

どうして自分がこんな目に遭わなければならないのか。どう考えても自分に配られたカードが最悪のマイナスカードだとしか思えなかったのです。

ところが、こうしていま大人になって振り返ってみると、あのイジメに遭っていたときの、誰も友だちがいない孤独の時間があったからこそ、誰にも邪魔されることなく存分に本を読んで同世代の子どもが知り得ない知識を身につけることができたし、いつか自分をイジメた人間を見返してやろうというプラスのパワーを得ることもできたのだと思います。

「災い転じて福となす」というコトワザがあります。

身に起こった不運を、動かしがたいものとして受け入れてしまうか、それともなんらかのアクションを起こしてそれを幸運に転じる努力をするか、そこに私たちがこの世に生を受けた意味が問われているような気がします。

人間の一生をギャンブルに喩える人がいます。

「人生はギャンブルだ」とか「人生は一発勝負だ」とか……。

私は、人生のすべてがギャンブルだとは思いませんが、確かにこの世界にはそういった一面もありますし、いやおうなしにギャンブル的なイチかバチかの選択を迫られるときもあります。

そんなときに生き残るためには、文字通りギャンブルとして運を天に任せてしまうのではなく、きちんとこの世界のギャンブルの本質を勉強し、理解して、少しでも勝つ確率を上げることが大切なのです。

誰も見たことがないのに誰もがあると信じている「運」

あなたは自分でも気づかないうちに「運がいい」とか「運が悪い」という言葉を使っていませんか？

人は誰でも日常的に「運」という言葉を使います。口に出すかどうかは別として、一日のうちで一度でも「運」とか「ツキ」という言葉が頭をかすめなかったという日はほとんどないのではないかなと思います。

出社前に立ち寄るコンビニ、いつもなら長い列ができているはずなのに、今日に限って誰も並んでいないなどというときは「ラッキー」と思うでしょうし、逆であれば「ツイてないな」と感じる。

前から気にかけていた異性と、通勤電車の中でばったり会って話ができた日は「運がよかった」と思い、その後出社した会社でちょっとしたミスが上司に見つかって小言を食らった日は「ツイてないな」と心の中で舌打ちをする。

応募していた懸賞で当選して手に入れた真新しいジョギングシューズを履いて、自分の運のよさを噛み締めながらウキウキと外に出たとたん、うっかり転んで足を捻《ねん》挫《ざ》して、けっきょく靴代よりも病院代のほうが高くついたなどというときは、運がいいのか悪いのかわからなくなってしまいます。

あるいはもっと深刻な例もあるでしょう。

会社の定期健診でガンが見つかったと言われたら、それこそどうして自分だけと、自分の運の悪さを呪うでしょうし、それが初期ガンで完治するものだと判ったら「運がよかった」と胸をなで下ろす。

幸不幸というものは、コインのように表裏一体で、一本の縄のようによじれ、絡み合っている。不幸と思えたことが後で幸福に転じたり、幸福と思っていたことが実は不幸の元だったというこ

ともあります。

これはあくまでも喩えであり、「運」は、「魂」と同じように、みんな漠然《ばくぜん》とあることは知っているのに誰もその存在を確認した人はいません。

その漠然とした運の正体をこれから読者の方々と一緒に解き明かしていきたいと思います。

宝くじが当たっても不幸になってしまうのはなぜ？

お金さえあれば絶対に幸せになれるのに――。そう考えたことはありませんか。

おそらく、多くの人がそう思っている。だから、宝くじは売れ続けるのです。

たとえば、こんなストーリーはどうでしょう。

ある日の夜、自宅の二階でぐっすり眠っていたAは、とつぜん家の外から聞こえた「ドーン」という、ものすごい音でベッドから飛び起きます。

あわてて窓の外を見ると、隣に住むBの庭に大きな穴が空いていて、そこから白い煙がもうもうと上がっています。

どうやら隕石《いんせき》が落ちてきたらしい。あわてて外に出ると、隣人のBがぼう然と立っていて、庭に空いた大きな穴を眺めて深々とため息をついています。

10年もかけて育てた自慢の芝生が台無しになったと嘆くBに、Aは「運が悪かったですね」などと慰めの言葉をかけながら、心の中では（うちの庭じゃなくてよかった）とホッと胸をなで下ろすのでした。

しかし、それから10日後、Aは衝撃の事実を知ることになります。

Bの家に落ちた隕石に興味をもったひとりの大金持ちが、その隕石をBから1億円で譲り受けたという新聞記事を目にしたのです。

「なんて運のいいやつなんだ」

最初、思わぬ幸運を手にしたBのことを単にうらやましく思っていたのですが、だんだんそうではなくなっていきます。

（あと、10メートル横にそれていたら隕石はうちのものだったのに）

そう考えると、Aは悔しくて夜も眠れなくなり、次第にBのことを憎むようにさえなって、しまいには自分の運の悪さを呪いはじめます。

なんとか自分の家にも隕石が落ちてこないものか――。

Aが空に向かって祈っていると、ある日の夜中、今度は前よりももっと大きな音がして地面が揺れました。

「クソ、また隣の家に落ちやがった！」

歯ぎしりしながら、窓の外を見たAの目に飛び込んできたのは、隕石の衝撃でめちゃくちゃに破壊され、廃墟と化したBの家の無残な姿でした。

けっきょくBの家は一家全滅です。

それを知って、Aはホッと胸をなで下ろしながらつぶやきました。

「ああ、うちは運がよかった」


寓話ふうに書いてみましたが、つまりここで言いたかったことは、人間が感じる運・不運や幸不幸というものは、主観的なものであり、かつ相対的なものだということです。

賞金何億円という宝くじに当たって、その瞬間は本当に運がよかったと大喜びしていても、それがきっかけで親戚と仲違いしたり、家族が崩壊してしまったということだってよくある話で、必ずしも一攫千金《いっかくせんきん》が幸せに結びつくとは限りません。

事実、**宝くじの当選者というのは、長期的に見ると幸福度は上がらないという調査結果が出ています。**アメリカなどでは何十億というとてつもない単位のお金が賞金として転がり込んできます。そうなると、それまで楽しく仕事をしていた人も、自分の給料の安さにバカバカしくなって働く気が失せて辞めてしまいます。つまりは労働の喜びを失う。

苦労しないで大金を手に入れると、それまでに感じていた日常の小さな幸せも感じられなくな

運に人生をコントロールされない

ってしまうわけです。

たとえば、お父さんの給料日は家族揃って近所の回転寿司に行くのが最大の楽しみだった一家に6億円の宝くじに当たったらどうなるでしょう。おそらく彼らはもう回転寿司には行かず、銀座あたりの高級店に行くようになるでしょう。

高級店の一個400円のマグロの握りが、回転寿司の2個200円のものより40倍美味しいかというと、実はそこまでの差はないんですね。下手をすると月に一度、家族でワイワイやりながら回転寿司屋に行っていた頃のほうが、気取った銀座のお店で食べているより楽しかったりするわけです。

そこに大金を巡って諍《いさか》いが起きて家族が崩壊してしまったら、チャラどころかマイナスになってしまう。これでは、最初からなにも起こらなかったほうがよかったということになり、運が良かったのか悪かったのかよくわからない。

それは言葉を換えれば、運に日々の生活をコントロールされているということになります。

小説などでは、よく**「運命に翻弄される」などという表現が出てきますが、運にコントロールされるのではなく運をコントロールすることを心がける。**

それこそが「運を作る」という言葉の本当の意味なのです。

コントロールできる運とコントロールできない運を見極める

「運」をテーマにした本を書くことが決まったとき、私はあるひとりの神学者の言葉を思い出していました。

「ニーバーの祈り」と呼ばれているもので、それは「神よ」という神への呼びかけから始まります。

神よ
変えることのできるものについて
それを変えるだけの勇気をわれらに与えたまえ。
変えることのできないものについては
それを受けいれるだけの冷静さを与えたまえ。
そして、変えることのできるものと、変えることのできないものとを
識別する知恵を与えたまえ。

（"The Serenity Prayer" 大木英夫訳）

変えられる運と変えられない運を見極める

この言葉の中に出てくる「もの」とか「それ」はそのまま「運」あるいは「運命」と言ってもいいでしょう。

「運」はイントロダクションでも述べたように、人間の力では及ばないまったくの偶然によって引き起こされる事象としての運と、人間の創意工夫や努力によって、よりよくすることができる運があります。**だから、ニーバーの言葉にあるように変えられる運と変えられない運を見極めることが肝心なのだと思います。**

運がいい人は「運任せ」にしない

「運」というものを考えるひとつのヒントとして、みなさんにこんな状況を想像してみていただきたいと思います。

――ある日、あなたはある外国人アーティストの日本公演が決定したという情報を目にします。それは、あなたが昔からずっと憧れ続けていたアーティストで、あなたは是が非でもそのコンサートに行きたいと思う。

来日するのは今回が最後になるかもしれない。

そんな噂もあって、チケットは売り切れ必至。それどころか入手は極めて困難であることが予想され、公正を期するためチケットはすべて抽選によって販売されるということが、事前に主催者側から発表されています。

そのような状況のとき、あなただったらそのチケットを手に入れるためにどのようなアクションを起こすでしょうか。

A　とりあえず応募するが、あとは運任せ。ヒマがあれば家の神棚に手を合わせるなどしてチケットが当たることを祈る。

B　自分だけでなく、そのアーティストに関心のない友だちにも応募してもらうと同時に、あらゆる伝手《つて》を通じてコンサートの主催者やアーティストの関係者からチケットを手に入れるルートを探しだす。

さて、あなたはどちらのタイプでしょう。

Aは当たりはずれは「運」なのだから仕方がない。それでも、いちおうは自分以外の超自然的な力を借りようとする神頼みタイプ。

運のいい人は
運任せにしないで努力する

Bは自分がこれと決めた目的を達成するためには、いかなる努力も惜しまないタイプ。

さて、このAタイプとBタイプ。

最終的にチケットを手に入れる可能性が高いのはどっちだと思いますか。

答えはBタイプであるということに異論はないと思います。

なぜなら、Bはチケット入手を運任せにせず、自分の力で「確率の運」を排除して、偶然を、必然に変えようとする「あらゆる努力を惜しまない」タイプだからです。

そして実際にBがチケットを見事にゲットしたとします。

こういうときAタイプの人はたいてい「Bは運がよかったんだ」と思うだけで、どうしてBが首尾よくチケットを手に入れることができたのかを知ろうとしない。たとえ気づいていても見なかったことにします。

ここに、運のいい人と悪い人の差が出てくるわけです。

単に**「あの人は運がいい」と思われている人は、実は運だけに頼らず、自分自らの手で目的を果たすために努力をしている。**それが結果的に実を結んでいることをAタイプの人は知るべきです。

とはいえ、現実の世界では、AもBもチケットを手に入れられなかったという結果に終わることも往々にしてあり得ます。

それぞれがした大なり小なりの努力が無になったわけです。

こういうときに喜ぶのはAタイプです。

いくら努力しても運が悪ければ願いなど叶わないのだと、運任せにして大した努力をしなかった自分を慰めることができるからです。

では、Bタイプはどうでしょう。

今回は運が悪かったくらいには思うでしょう。でも、そこであきらめることはしません。

そこから戦略を深化させて、人気の高いコンサートのチケットを手に入れるために、ふだんから音楽関係者やコンサートスタッフなどに知り合いを作りネットワークを広げていくなど、チケットを手に入れられる精度をより高めようと考えるでしょう。


さて、私はいま話をシンプルにするためにAもBもチケットを手に入れることができかったという仮定でお話をしてきましたが、「現実の世界では」ただ普通に抽選に申し込んだAだけが当選することもあり得ますし、抽選に漏れたとしても、なにかしらの事情でコンサートに行けなくなった友人からチケットが転がり込む、などという「棚ボタ」的なことだって起こります。

このことは後ほど、また改めてご説明しますが、私たちが住むこの世界では「起こり得ることはすべて起こる」のです。

これが、私たちが「運」と呼ぶとらえどころのない不可解な現象の一面なのですが、さてここでまたひとつ考えていただきたいことがあります。

チケットを手に入れられなかったAとBのどちらかのひとりに、幸運の女神が1枚のチケットを授けることにしたとします。

さて、幸運の女神はその貴重なチケットを手渡すのは、AとBいったいどちらだと思いますか？


（いや、ちょっと待ってよ。いま、ＤａｉＧｏは「起こり得ることはすべて起こる」と言ったばかりじゃないか。そんなことは幸運の女神の気まぐれでしかないのだから、どっちにチケットが当たるかなんてわかるはずがないだろう）


そう思われるかもしれません。

確かに幸運の女神はとても気まぐれです。しかし、その気まぐれであるはずの彼女の気を引きつける方法は確かに存在するのです。

結論から先に言うと、幸運の女神の気を引くのはやはりBということになります。

では、AとBの差はなにかというと、それは2人が広げた腕のリーチの長さの違いです。

それはつまり、AとBがチケットを欲しがっていることを知っている人の数にあります。

Aは自分ひとりでチケットを申し込んだだけですから、Aがコンサートに行きたがっているということを知っている人の数は最低だと0人、多くても数人止まりでしょう。

ところがBは、チケットを手に入れるために、Aとは比較にならないぐらい多くの人と接触し、自分がそのコンサートにどうしても行きたいのだということを伝えています。

もし、その中のひとりがチケットを余らせるか、本人が行けなくなるなどの理由で誰かにそのチケットを譲ろうと考えた時、最初に頭に浮かぶのは誰でしょう。

そう、当然、チケットを熱望していたBですよね。

誰ひとりとしてAにチケットを譲ろうなどとは思わない。そもそもAの存在など知らないわけですから。

かくしてBはどうしても行きたかったコンサートのチケットを「運よく」手にすることができたわけです。

つまり**「運がいい」というのは、単なる偶然ではなく、こうした一人の人間の努力や熱意が大いに関わっているということがお分かりいただけたでしょうか。**

運はコントロールできるといった理由はそこにあるのです。

生物の進化も運次第だった

「適者生存」という言葉を聞くと、能力主義で判断される厳しい弱肉強食の現代社会を連想する人が多いのではないでしょうか。ところが、この世界に生き残っていくのは「適者」ではなく、実は「運者」である、ということをあなたはご存知でしたか。

ダーウィンの「進化論」を知らない人はいないと思いますが、彼の説を大雑把《おおざっぱ》に説明するとこういうことになります。

たとえ同種の生物であっても、個体間にはそれぞれ微妙な差異があって、その違いの一部は親から受け継いできたものである。どんな生物であれ、生まれた子どもがすべて生き残り繁殖し続けることはできないので、その個体間の性質の違いの中で次の環境の変化に有利な形質をもったものが最終的には生き残っていく。これが進化論の根幹をなすいわゆる「適者生存」の自然淘汰説《しぜんとうたせつ》というやつです。

たとえば、キリンは首が長いのが特徴ですが、最初からみんな首が長かったわけではなく、自然淘汰によって首を伸ばすことができたキリンが、他の動物が食べたくても食べられない高い樹上の餌《えさ》を摂ることができたから生き延びたとされています。

ところが、これは生物学的には否定されています。

その理由は簡単で、キリンの首が伸びていく過程の化石が見つかっていないというのが　その根拠です。つまり、ダーウィンの言う通りであれば中途半端に首の長いキリンの化石があってもいいはずなのに、それがいまだに発見されていないわけです。


そのダーウィンの進化論を覆す発見をした日本人科学者がいます。日本人で唯一「ダーウィン・メダル」という、進化論の分野ではノーベル賞に匹敵するようなすごい賞をとった木村資生という先生です。

木村先生が唱えたのは、「中立進化説」といって、分子レベルの進化はダーウィンの適者生存だけではなく、生存に有利でも不利でもない、「たまたま幸運に恵まれたもの」も残っていくという学説です。

要するに遺伝子には生存に有利なごくわずかな遺伝子、またはどちらでもない遺伝子、あるいは生存に不利なごくわずかな遺伝子の3種類しかなくて、3つ目の生存に不利な遺伝子（いわゆる奇形など）は自ずから消えていくはずだ。生存にすごく有利な遺伝子があったとしても確率は非常に小さく、ほぼ無に等しい。そうすると残ったほとんどの遺伝子はどちらでもない遺伝子である。

どちらでもない遺伝子を持っている生物の集団に対して、たとえば気候変動などの形で環境が大きく変化を起こしたときに、たまたまどちらでもなかったはずの遺伝子が、たまたまその環境に適応した時に最適な遺伝子となってそれが残った。そのことを木村先生が証明したわけです。


これは見方を変えると適者生存というより「運者生存」です。

実際に自然の厳しい環境にさらされている生き物のことを考えればわかります。たとえば海の生き物であるマンボウは1回の産卵で3億個（！）の卵を産みます。が、その中で生き残った1匹が最も優れていたというわけではなくて、その卵だけが、たまたま他の魚に食べられなかったというだけのことなのです。

たとえば、大災害とよばれるような大きなアクシデントがあったとき、人間の生死を分けるのは運の要素が大きいことをみなさんもご存知だと思います。

たとえば洪水に家ごと飲み込まれて溺れそうになっていたら、たまたまそこに空のボートが流れてきて運よく命拾いしたとか、大地震で起きたがけ崩れで村がひとつまるまる飲み込まれてしまったが、一軒の家だけたまたま家族旅行に出かけていて、家族全員無事だったとか。

これらのたまたま生き延びることができた運のよかった「家族」を、生物の「種」に当てはめて考えたら「運者生存」が理解できるのではないでしょうか。

いま挙げたのは生死という極端な例ですが、運者生存の法則は社会のあらゆる場面で見受けられます。

社長がなにかの事情で急に退任することになり、次期社長を巡って重役たちがもめている間に、どの派閥からもお呼びがかからないような凡庸《ぼんよう》な人が、ひょっこり社長の座につく。そんな特に突出した能力もないのに、たまたまそのタイミングにそこにいたからという理由だけで社長や政治家（総理大臣になった人も少なからずいます）、大学教授などいわゆる「偉い人」になったケースは枚挙にいとまがありません。

そう考えると「運者生存」は理にかなっている。つまり生き残るには「運」という、スターウォーズ風に言えばフォースのようなものが必要なのだということがおわかりいただけたと思います。

幸運や不運が続くのには理由がある

世の中には、なぜかやたらとツキまくっていて、常に幸運に恵まれるという人もいれば、やることなすことすべて裏目に出て、不幸のスパイラルに陥っている人もいます。

神様は不平等だと言わざるを得ません。が、これも科学の目を通してみれば、ごくごく普通に起こり得ることなのです。

私たち人間は、確率的な出来事に対して、どうしても偏った見方をしてしまいがちです。

ひとつ例を挙げましょう。

あなたはこれからある人とゲームをしたとします。

ルールは簡単です。外から中が見えないようになっている箱の中に白い球と黒い球を500個ずつ入れて交互に取り出していく。（取り出した球はその都度箱の中に戻し、球が一箇所に固まらないよう全体をよくかき混ぜるものとします）

白球を取れば1点、黒球だとマイナス1点と計算して、先に10ポイント取ったほうが勝ちというルールです。

あなたはこのゲームの決着がつくまでに、それぞれいったい何回くらい球を取り出すことになると思いますか。

学校の数学の問題ではないので気楽に直感で答えてみてください。

20回、35回、40回……60回……。可能性としてはどれもありそうですよね。

白が出る確率と黒が出る確率はそれぞれ50パーセントですから、白黒どちらにも偏ることなく、まんべんなく白と黒が同じ割合で出続けたら、このゲームは永遠に終わりません。

ところが、私たちは遅かれ早かれ決着がつくことを経験的に知っています。

しかしその一方で、もしあなたの対戦相手が10回連続で白を引き当てたとしたら、あなたはどう思うでしょう。

「なにかおかしいぞ」とか「球に仕掛けがしてあるんじゃないか」と疑ったとしても不思議ではありません。おそらく対戦相手も、自分のあまりの「運のよさ」に驚いているはずです。

なにしろ、確率的には白が連続して10回出る確率は1024分の1。0・0001パーセントにも満たない。本人からすればまさに奇跡的なことでしょう。

ところがあなたはどうも納得できない。

どうしてあなたは「おかしい」と思ったのでしょうか。

実はそこに、本来ランダムであるはずの白球と黒球が続けざまに固まって出てくるはずがないという「思い込み」があるからなのです。

ランダムと言われると、おそらくあなたの頭の中には

○○●○●●●○●○●○○●○●●○●○○●○●○●●○○○●○……

このような配列で白球と黒球が適度に混ざり合って出てくる様子が浮かんでいるのではないでしょうか。

だから、同じ色が連続するのはランダム、つまり無作為ではなく「作為的」に映ってしまうわけです。

ところが現実の世界ではいまのゲームのように、白が出たらプラス1、黒が出たらマイナス1とカウントしていくと、**「逆正弦法則《ぎゃくせいげんほうそく》」という必ずどちらか一方に偏りが出るという現象が起こります。**

運は偏ることもある

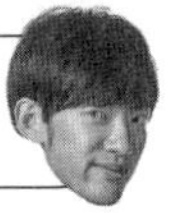

この世の中を見回しても、「人生山あり谷あり」という言葉に反して、大した努力をしているわけでもなさそうなのに、やることなすこと全てに運が味方して、谷の存在などまるでないかのように、どんどん幸福になっていく人がいるかと思うと、いくら真面目に一生懸命努力し

ていても運に恵まれず、思いがけない不幸が立て続けに起こり谷続きのドン底のような生活をしている人もいます。

それぞれ幸運と不運をいまの白い球と黒い球にたとえるなら

「○○○○○○○……」

「●●●●●●●……」

こんな感じでしょうか。

残念ながら「人の運は決して平等ではなく、幸運がずっと続く人もいればいつまでも不運が続く不平等なものである」ということはほぼ確実に言えます。

みなさんもご存知だと思いますが、確率の世界には大数の法則というものがあります。

コイン投げやサイコロ振りなどの試行回数を何万回、何億回と増やしていけばいくほど、期待した確率が理論上の値に近づいていくという法則のことです。

人間の運に大数の法則が発動するなら、途中に山があろうが谷があろうと、最後はみんなプラスマイナスゼロ、イーブンとなってもおかしくないのですが、人間の一生は大数の法則が当てはまるほど長くはありません。

であれば、「●」の連続から脱するためには、あれこれとたくさんのアクションを起こして、つまり試行回数を増やして「○」を待つしかないわけです。

運をアップするには「試行回数」と「精度」しかない

大切なことなので、これからも何度か繰り返しますが、運を作るには「試行回数を増やす」と「精度を上げる」この2つの方法しかありません。

たとえば、あなたが射撃大会に出場することになったとします。その内容は、ライフル銃で300メートル先にある半径30センチほどの小さな標的に弾を命中させるというもの。射撃経験どころか銃に触ったことすらないあなたは、おそらく途方に暮れるでしょう。が、それでもあなたは、どうしても自分でそれを成功させたいと考えるようになります。

なぜなら、あなたがその標的に一発でも弾を命中させることができたら相当額の賞金がもらえることを知らされたからです。最終的に弾を標的に当てる、つまり賞金をゲットするためには2つのアプローチ法が考えられます。

A　標的のある方に向かって「下手な鉄砲も数打ちゃ当たる」式に、とにかくどんどん撃ち続ける（試行回数を増やす）。

B　スコープの使い方や風の読み方など、ライフル射撃に必要な知識を一通り頭に入れてから「一発必中」を狙いにいく（精度を上げる）。

マニュアルを読んだり勉強したりするのは苦手。まずは「実践あるのみ」という人ならA。ムダ弾を撃って体力を消耗するより、多少時間がかかっても確実に的を射たいという人はBを選ぶでしょう。

いずれにせよ「的に当てる」つまり、**「幸運（この場合は賞金ですが）を得る」ために は、撃つ弾の数（試行回数）を増やすか、射撃の腕前（精度）を上げるかの、どちらかひとつの方法を取るしかありません。**

もちろん、人生は一回限りの射撃大会ではありませんから、精度を上げながら試行回数を増やしていくこともできるし、試行回数を増やしながら精度を上げていくことも可能です。問題なのは、それに要する時間とコストのバランスです。同じ「下手な鉄砲」でも、いわゆる「ナンパ」なら道行く女性に声をかけるのにお金はかかりません。しかし射撃のように、実際に弾数をたくさん撃とうとすれば当然それなりの費用がかかります。その点、「精度を上げる」ということは、知識やノウハウを蓄積していくということなので、基本的に読書等で済むことならば、ほとんどお金もかからず誰にでも可能です。

第２章

自分からみすみす運を手放す人の行動とは？

宝くじ当選者のアドバイスで運はよくならない

とてつもなく「運がいい人」と聞いて、あなたはどんな人を想像しますか？

おそらく多くの人がサマージャンボや、年末ジャンボといった宝くじなどで何億という大金を手にした、いわゆる「宝くじ長者」が頭に浮かぶのではないでしょうか。

毎年、年末になると日本一よく当たるとされる有楽町の宝くじ売り場の前に、寒空の下大勢の人たちが一攫千金《いっかくせんきん》を求めて長蛇《ちょうだ》の列を作っている様子が、まるで風物詩のごとくテレビのニュース番組などで紹介されるのが恒例になっています。

取材クルーにカメラとマイクを向けられた彼らは、一様にはにかんだ表情を浮かべ「夢を買っている」といった内容の答えを返してくるわけですが、さて実際のところ本当にその「夢」を手に入れた人たちというのは、幸運の女神によって選ばれた特別な人たちなのでしょうか。

おそらく宝くじファンと呼ばれる人たちは、心の底からそう思って憧れているのでしょう。自分にはない、なにか超自然的で摩訶不思議な力がその人たちに味方したのだ。そう信じているのです。

「宝くじ長者」のほうも、宝くじファンの期待に応えるかのように、選ばれた特別な存在かのごとく振る舞い、いかに当たりクジを引き当てたかをドラマチックに語り、中には宝くじをどこでどう買って、どこの神社にお参りするべきかなどといった具体的なことまで指南する人も出てきます。

しかし、そこに水を差すようで申し訳ないのですが、この宝くじというシステムを俯瞰《ふかん》してみると、抽選に当たった人というのは、まったく特別な存在でもなんでもない、起こるべくして起きた事象を構成する大勢の中の一人に過ぎないのです。

それでも彼らは特別な運をもった人なのだという考えから離れられない人のために、宝くじをさらに拡大して、日本人全員が参加してのコイントスのトーナメントが開かれたと仮定しましょう。

ルールはシンプルです。２人が一組となってコイントスで対戦し、勝った者が別のグループの勝者と戦っていくわけです。

仮に日本の人口を１億２千万とすると、第１回目の勝者は６千万人、２回目が３千万人、３回目が１千５００万人……これを延々と繰り返していくと、第20回の対戦で勝者は１１４人にまで絞られます。そこからさらに試合を続けてゆくと第26回が決勝戦となり、そこでのコイントスに勝った人が日本チャンピオンの栄冠を手中にするわけです。

26回も勝ち続け、１億２千万分の１になった本人にしてみれば、一生に一度の幸運かもしれませんが、誰かが優勝することはこのトーナメントが始まる前から１００パーセント、確実にわかっている事実です。

確率という視点から見れば、起こるべくして起きただけの話で、当たり前のことが当たり前に起きたに過ぎません。

これは全世界に住む70億人が参加するトーナメントであったとしてもまったく同じです。

当選者がいかにしてそのトーナメントを勝ち進んでいったかを語ったとしても、そこにあなたの運をよくするヒントなど隠されているはずなどあり得ません。

運がいい人だから宝くじに当たったのではなく、宝くじに当たったから「運がいい人」と呼ばれているだけなのです。

ですから、宝くじを当てた幸運な人の話に耳を貸す必要はありません。聞くだけ時間のムダということになるのです。

宝くじ当選者のアドバイスは聞くだけムダ

それでも買いますか？　55％持っていかれる日本の宝くじ

あなたは神頼みをよくするほうですか、それともあまりしないほうですか？

初詣など、神社仏閣にお参りして、その年の幸運を願うことにはまったく異論はありません。

が、どんなにすごい神様仏様でも叶えられない願いごとがあります。

以前、あるテレビの番組で九州地方のとある神社のことが紹介されていました。

この神社に自分が購入した宝くじの券を持参してお参りしたり、それに抽選券を入れておくだけで当選率がアップするという開運袋のグッズなどを購入すると、驚くほどよく当たるという触れ込みでした。

その神社の壁には実際に当選した人たちのお礼状が所狭しと貼り出されていて、何億円とか何千万円といった景気のいい数字が並んでいます。

多い日には宝くじの券を手にした何千人もの参拝客が押しかけてくると聞いて私はめまいがする思いでした。

冒頭にも書きましたが、日本一当たり券が出るということで有名な有楽町の宝くじ売り場も、それだけ売りさばく枚数も多いのですから、当たり券がたくさん出るのは確率から考えても当然のことで、驚くべきことでもなんでもないのです。

たとえばAという地方都市の宝くじ売り場と、東京のど真ん中にあるBという売り場では売上げ枚数も格段の差がありますから、当選確率だってそれに比例して高くなるのは普通に計算すればわかります。が、買う人にそう思わせないところが宝くじのマジックなのです。

それでもどうしても宝くじで一攫千金を狙いたいというのなら、やることはひとつしかありません。購入するくじの枚数を増やせばいいだけの話です。本書の表現で言えば「試行回数を増やす」わけです。

そのあたりのことは宝くじの主催者側も心得ていて、「前後賞合わせて◯億円」というように、最低3枚は買わないと最高賞金額が手に入らないような仕組みにしています。運試しに買ってみた1枚が当選しても最高賞金額は得られないわけです。（ちなみにジャンボ宝くじは1枚単位では売ってもらえません。「連番」か「バラ」のどちらか10枚セットが、つまり3000円が最低単位となります）

どうしても1等賞を当てたいというのなら、神社にお参りにいく交通費や宿泊費を削って購入するクジの枚数を増やすことです。そうすれば、わずかでも当選する確率は上がります。つまり「運がいい人」と呼ばれることになる可能性が高くなるわけです。

理論的にはジャンボ宝くじの場合、「◯◯組」と表記されるその組がひとつのユニットで1000万枚が発売されるので、1枚300円×1000万枚＝30億円のお金を1ユニットに丸々つぎ込めば確実に一等賞と前後賞が手に入ります。ですが、ここからが肝心なところで、あなたの手に戻ってくるのはそれ以外の賞金を全部足しても30億の45パーセントの13億5千万円。しめて16億5千万円の赤字となるのです。**ちなみに残りの55パーセントは販売経費と発売元の自治体の収入となって消えてゆきます。**

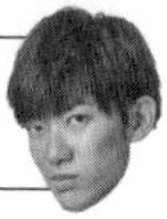

宝くじは半分以上、国にもっていかれる

この「55パーセント」は世界の富くじの中でも類を見ない高い控除額なのですが、そんなことをもろともせず、大勢の人の購買意欲をかきたてているのは、やはり「億」という非日常的な数字がもつ魔法なのです。

一攫千金を狙うと運が悪くなる

「宝くじを買って損しようとどうしようと、こっちは好きで買っているんだから放っておいてくれ」

それでも宝くじを買うことをあきらめきれないという、そんなあなた。こんなふうに考えてみたらどうでしょう。

たとえば、あなたの職場の同僚の一人が、みんなで千円ずつ出し合って私設の富くじをやろうともちかけてきたとします。（違法行為なので、あくまでも仮の話だと思ってください）

最終的にこのくじ引きに参加したのは10人。合計1万円が集まりました。そこであみだクジによる抽選会が開かれ、あなたは見事「当たり」を引き当てます。

これは運がいいと喜んでいるところに言い出しっぺの幹事から手渡された封筒の中身を見ると、中に入っていたのはわずか４５００円。

確実に当たるくじは自己投資

思わず「ハア?」ってなりませんか。

おそらく、もう一度やらないかと誘われてもあなたは絶対に断るでしょう。しかし、これとまったく同じことでも非日常的な賞金がかかるとなると、それに目がくらんでしまって「話は別」となるのが人間心理の面白いところなのです。

行動経済学的にいうと、宝くじとは、確率のことを正しく理解できていない人たちが、まったく根拠のない「運」を信じて買っている実に不思議なギャンブルと言っても過言ではありません。

1千万分の1(前後賞を入れれば3)を引き当てた人は、それこそ「運がよかった」のかもしれませんが、残りの99・999……パーセントの人は、たとえそれが彼らの言う「夢」の代償だとしても金銭的には確実に損をしています。損をしている、ということは間違いなく運を失っているのです。

「宝くじは愚者に課せられた税金である」という有名な格言があります。

私なら、その宝くじを買うお金で本を読んだり、なにかを勉強して資格を取るなどの自己投資のために使います。そしてそうやって得た知識や資格をビジネスに役立てます。

宝くじを買う目的が夢ではなく「お金」であるとしたら、どっちがより確実にお金を生み出すかは、いまさら言うまでもないと思います。

運のよい人は期待で人生を操る

元プロのマジシャンという珍しい経歴をもつイギリスの心理学者のリチャード・ワイズマンという人が、面白い宝くじの実験を行っています。

運がいい人と悪い人を集めて、日本でいうナンバーズのようなクジの当選番号をそれぞれ予想してもらうという実験を行ったのですが、結果は運のいい人も悪い人も同じように外しています。

実験の前に、**あなたはどれくらいそのクジの番号を当てる自信がありますかと質問するのですが、運がいい人は、悪い人よりも2倍以上の人が「自信がある」と答えている。**この実験からわかるように、宝くじのような純粋な確率によるものの場合は本人の自信や期待はほとんど、というかまったく意味がありません。

ところが**「人生」という確率ではない要素が入ってくるレベルになってくると、自信だとか結果に対する期待が大きい人ほど行動力があり、人間関係が充実し、多くの挑戦をするようになるため、人生において成功しやすくなります。**つまり長期的に見ると人生において「当たり」を引く確率も高くなるという結論を導き出しています。

私もワイズマン博士のこの考え方には全面的に賛成です。

本当に運を作りたいのであれば、私ができるアドバイスはひとつ。

みすみすお金を失うという悪運を引きたくなければ、宝くじには手を出さないこと。そのひと言につきます。

2万円勝って3万円失うギャンブラー

「運」だとか「ツキ」などの言葉をよく口にする人と言われたら、あなたはどんな人を想像しますか?

ギャンブラーですよね。マージャン、競馬、競輪、競艇、パチンコ、カジノ、どの分野にも「プロ」と呼ばれる、それで生計を立てていると称する人たちがいます。

先ほどの宝くじではありませんが、ギャンブルほど「運」や「ツキ」といった言葉と親和性の高い営為はあまりありません。

以前、パチンコ関係のテレビ番組と少しのあいだ関わる機会があり、そこでパチンコをしている一般の人たちと話をする機会があったのですが、そのとき私はひとつ興味深いことに気づきました。

ひと言でいうと、パチンコ（スロットもそうでしょう）をやる人たちというのは、収入と支出の計算がきちんとできない人が多いのです。

「今日はツイていましたよ。7万円ほど勝ちました」というので、すごいなと思ってよくよく話を聞いてみると、その7万円の収入を得るためにその人は5万円投資しているわけです。つまり、彼が勝ったのは差し引き2万円です。が、最終的に手渡される7万円のお札を見て彼は「7万円勝った」と自分に都合よく解釈していたわけです。

今日は7万円勝ったから少し贅沢をしようかという気になって2万円以上使ってしまったら、その日の収支はマイナスになります。しかも半日近くの時間をかけて。これではツイていたどころか、不運だったということになってしまう。

ギャンブラーと呼ばれる人には、楽天主義者というのか、生まれつきかどうかはわかりませんが、根拠の無いポジティブシンキングの人が多いように思われます。

それでなくても、人間は自分に都合のいいことばかりが記憶に残る傾向があります。記憶は平気でウソをつくのです。

パチンコと同列に語るのはどうかと思いますが、たとえば初恋の思い出といった類のものもそうです。初恋が美しい思い出となりがちなのは心理学的には「スリーパー効果」といって余計な記憶をなくして、過去を美化してしまうからなのです。

運のいい人は収支を把握する

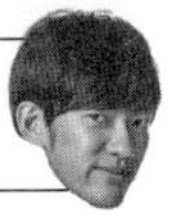

言い換えれば、印象に残らないもの、残したくないものはいつの間にかなかったことになってしまいます。

たとえば、仕事などで誰かのプレゼンを聞いたときはあまり魅力を感じないものであっても、ちょっと時間が経ってから思い出すと、その魅力を感じなかった部分の記憶が抜け落ちていい記憶が残ってるので、「あれ、意外とよかったんじゃないか」と思わせることがある。それと同じです。

自分は運がいいと思うのは大事なことです。運がよかったという証拠を集めていけば、幸福度も上がります。しかし、現実から目をそらして運がいいと思い込み続けるのは危険です。小さな運のよさを集めているうちに、知らず知らず大きな悪運の中に足を踏み入れていることにもなりかねません。

ギャンブルをやる人は、誰よりも「ツキ」や「運」を大切にする人たちです。ならば、やはり自分がやっているギャンブルの収支をきちんとノートに記録しておいて、数字を客観的に眺める習慣を身に付けるべきだと思いますし、実際、ギャンブルで生計を立てているいわゆる「プロのギャンブラー」の多くがそうしていることはよく知られている事実です。

ギャンブラーに限らず、自分のお金の使いみちが把握できる収支帳や家計簿をつけておくことは、無駄遣いを防ぐ上でも運をよくする上でも必要ということは付け加えておきましょう。

「確率」はいい加減なことが多い

あなたは普段「〇〇できる確率」とか「確率的には」といった言葉をよく使いますか。使っているとしたら、少し気をつけたほうがいいかもしれません。

いわゆるギャンブラーも好んでこの「確率」という言葉を使いたがりますが、これはしばしば錯覚であることが多いと言われています。

もちろんギャンブラーに限ったことではありませんが、人はなにか物事に対して判断を下すときに、この「確率」という言葉を口にしてしまいがちです。しかし、よほどのプロフェッショナルでない限り、単なる個人的な体験を根拠にしたものであって、本来の「確率」とは違う意味で使われている場合がほとんどです。

そうなる最も大きな原因がサンプル数の不足です。

元々「確率」というものは「統計的な処理」をして初めて意味があるものになります。ところが、同じようなことが何回か続いただけでも、それがあたかもひとつの法則のように思えてきて、すべての事例に当てはめようとしてしまう心理的な傾向があるのです。

少し見方を変えてみましょう。

たとえば、あなたが一艘の船に乗っている釣り客だとします。

漁師歴五十年というよく日に焼けた船長さんが言う「今日は北の方に魚がいる」という言葉と、二十歳そこそこの漁師さんの「今日は南の方に魚がいる」という言葉では、どちらの言葉をより信じる気になれますかという話になるわけです。

いまのサンプル数の話で言えば、ベテランの船長さんのほうが若い漁師よりも圧倒的に多い。だからこそ、船長さんの言葉の方に説得力があるわけです。

とはいえ、どんなベテランの船長さんでも、長年培った勘と経験からだけではすべての魚の動きを読み取ることはできません。

そういうときのために「今日は運が悪かった」とか「今日はツイてなかった」という言葉が用意されてるわけです。しかし人間はその「運」や「ツキ」に頼ることなく確実に魚を探す方法を見つけました。それが魚群探知機です。

もし、若い漁師さんが魚群探知機を見て「今日は南」と言っていたとしたら、おそらくほとんどの人がそちらを信じるのではないでしょうか。

もし、人間が身の周りで起こるすべての自然現象を「運」だと思ってあきらめていたら、いまの世の中はまだ中世の時代のままだったかもしれません。

たとえば雷が落ちて家が燃えてしまうのも、感染症にかかって死んでしまうのも「運」だと

か「運命」という言葉で片付けてしまっていたら、避雷針も抗生物質も発明されていなかったわけです。

話が少し横道に逸れましたが、こうして**人類は自分たちに課せられていた「運命」や「運」を目に見える形で変えてきたわけです。**

ですから、私たちも自分なりの工夫や努力で自分自身の「運」を作りだすことができる。

私はそう信じています。

幸運ストーリーは必ず「盛られて」語られる

あなたはこれまでに、あり得ないような偶然や奇跡的な（と思われる）出来事に出くわしたことがありますか。

そんな奇跡のようなことが起きたとき、人は自分が「とてつもなくツイている」という高揚感に包まれます。

しかし確率の運という考え方で言えばそれは「いつか起きるべきことが起きた」というだけの話なのかもしれません。

たとえば、ある人が52枚のトランプでカードゲームをしていて、手札に配られた13枚のカードがすべて同一のスート（スペードやダイヤなどのマーク）で、1のエースから13のキングまで1枚の欠けもなく（当然のことですが）完全に揃っていたらどう感じるでしょう。

思わず「奇跡だ」と叫び出すかもしれません。しかし、この地球上では毎日、何千万という人たちがトランプを使ったゲームをしていて、そのつど何億回、何十億回もカードが配られているわけです。なので、あり得ないようなカードの組み合わせがあらゆる時間、あらゆる場所で出現しているわけで、たまたまその場に出現したとしても、巨視的に見ればごくありふれた出来事なのです。

要は起こるべきことが「たまたま」偶然その人の身に起こったというだけで、それ以上の意味はないのです。

しかし、カードを引き当てた人はおそらくこう反論するでしょう。

「そのすごい奇跡が、他の誰でもない、私自身の身に起きたことに意味があるのですよ」

しかし、これもよく考えれば、その「他の誰か」もその人自身にしてみれば「他の誰でもない自分」なのです。つまり、確率的に見れば100パーセント起こることであっても、個人にとっては「自分だからこそ」起きた奇跡なのだと思い込み、そこに特別な意味を見出そうとするわけです。

先ほどの宝くじ長者の例でいえば、ある一人の男性が道を歩いていたら目の前に宝くじ売り場があったので、「当たればいいかなあ」くらいの軽い気持ちで買ったら、結果的にそれが一等賞だった。

もう、家中大騒ぎです。

当選金でブランド物のバッグを買ってもらいたい娘が男性に聞きます。

「お父さん、なんで急に宝くじなんか買う気になったの？」

「いや、なんとなく」などと答えているうちにお父さんは、そう言えば宝くじ売り場を見たときに、なぜか呼ばれているような気がしたな……などと思うようになります。

「なんだか宝くじって書いてある看板の『宝』っていう文字が浮き出て見えて、俺を誘ってるような気がしたんだよ」

「へえ、すごいね。お父さん予知能力があるのかもよ」などと、今度は新しい自転車が欲しい息子がおだてます。

そう言われると、お父さんも悪い気はしません。いろいろと当日のことを思い出しているうちに、ある出来事がふと脳裏に蘇ってきます。

「そう言えばあのとき、横断歩道の信号が点滅し始めたんで、お父さんはそこで止まったんだが、後ろから来た人がお父さんのことを追い抜いて赤信号を強引に渡っていったんだよ。それでなにをそんなに急いでいるのかと思ったら、その人が宝くじ売り場の列に並んだんだ」

「へえ。じゃあ、もし、お父さんがその信号に引っかかってなかったら、並ぶ順番が変わって、当たりクジ買えなかったかもしれないんだね」と息子が感心してみせます。

「お父さん、ツイてたのよ」とお母さんがニコニコ顔で言います。

「そういえばホラ、こないだみんなでお祖父ちゃんのお墓参りに行ったじゃない？　あれがよかったのよ。宝くじが当たったのも、きっとお祖父ちゃんのおかげよ」

そんなふうに盛り上がっているうちに、お父さんが宝くじの一等賞を引き当てたのは、お父さんが一家で先祖供養をして、きちんと交通ルールを守っていたから、神様がお父さんを宝くじ売り場に呼び寄せてくれたのだというストーリーになっていき、それがやがて宝くじを当てるノウハウのひとつになっていったりするわけです。


このようにして、**人間はまったく関係のない事柄や出来事を無理やり結びつけて因果関係があったことにしてしまう性質（心理学では「錯誤相関」といいます）があります。**

先祖供養して運がよくなったことにしたい気持ちもよくわかりますが、この手の話を他人から聞かされたときは鵜呑みにしないことです。マネしても運はよくなりませんから。

宝くじを「予感」で買っている人たち

宝くじの公式サイトを見ると、「高額当選エピソード集」というコーナーがあって、この手の話がてんこ盛りです。いくつかかいつまんでそのさわりをご紹介しましょう。ちなみにカッコ内は当選金額です。

●宝くじを購入した日から数日間、大当たりして夫婦で大喜びする夢を続けざまに見ていたら、本当に的中。（1億5000万円）
●会社から帰り道、ふと我が家の方を見ると月の光が自分の家だけ明るく照らしているように見えたので「これはなにか良いことが起こる兆し」と確信して宝くじを購入。（6千万円）
●会社帰りに通りがかった宝くじ売り場の前で、突然わけもなく「買わなければ」と胸騒ぎしてスクラッチを購入。（200万円）
●お菓子のくじが当たったので、もっと良いことが起こりそうな予感がして宝くじを購入。その宝くじ券を、お菓子の当たりマークの上に置いて保管していたら見事当選。（3億円）
●ある朝、自宅の庭の松の木に白鷺がとまっているのを見て、「幸運の前ぶれ」と思い、宝く

じを購入。（1億円）

●サマージャンボの抽せん日に、部屋の中に黄金虫が二匹続けざまに飛び込んできたのを見て、これは虫の知らせと宝くじを購入。（100万円）

●宝くじ購入後、抽せん日の前に夢の中にご先祖様が現れて、金をやるから、むだ遣いするなと告げられて、驚いていたら本当に当選。（1000万円）

●散歩中に見つけた瀕死の野ウサギを病院に連れてゆき、元気になったところで野に返してやったところ、買っていた宝くじが大当たり。家族は野うさぎの恩返しだと言っている。（6000万円）

●冷凍庫の中に宝くじ券を入れて凍らせておくと運が逃げないという話を本で読み、冷凍庫の代わりにクーラーボックスの中に入れておいたら当選。（1000万円）

当選した人たちの多くが予感や予兆のようなものを感じて宝くじを購入し、その後もなにか儀式めいたことをしていることがわかると思います。

こういう体験談を読んで、「そうか、やはり運のいい人というのは、そういった凡人にはない感性だとか特殊な能力がある上に、当たるための努力もしているのだな」と考えるのは早とちりというものです。

なぜなら、たとえば宝くじを買おうという人は大なり小なり「当たりそうだ」という予感がするから買っているわけで、最初から絶対に外れるだろうと思って買う人というのはごく少数派だと思うのですが、いかがでしょうか。

当たった人は、「ホラやっぱりね」と思うでしょうし、予感が外れた人は、あれは自分の勘違いだったのかと自分を納得させているだけに過ぎないのです。

人間というのは、身の周りにある大きな出来事が生じた時、本能的にその原因を探らないではいられない生き物です。だからどんなに突拍子のないことであっても、無理矢理つじつま合わせをしようとします。

あの2001年に起きた9・11同時多発テロ事件のときに、アメリカの女優、グウィネス・パルトロウが、偶然ひとりの女性を救っていた……などというエピソードもその手の話のひとつでしょう。

事件があったその日の朝、NYの世界貿易センタービルの職場に出勤するために道路をローラーブレードで走っていた女性が、パルトロウが運転していた車と危うくぶつかりそうになって立ち往生したため、乗る予定だった地下鉄に乗り遅れ、結果的にオフィスに到着するのが遅れてギリギリ難を逃れていたというのがその話のあらましです。

運を過大評価しない

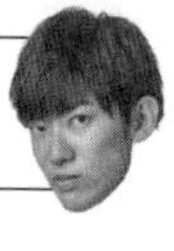

衝突しそうになった車のハンドルを握っていたのが有名女優だと気づいて、これで会社に遅刻しても、同僚に話して聞かせる話題ができたと思ったらしいのですが、実際に乗るはずだった地下鉄に乗り遅れたときはかなり「イラッ」としたらしいのです。

けっきょく、彼女は自分があの事件で命を落とさずに済んだのは、グウィネス・パルトロウのおかげだというストーリーに落とし込み、彼女にお礼の手紙まで送ったそうです。

ちなみに、彼女が勤めていた会社の同僚１４０人のうち、テロで亡くなった人は４人だけだったそうですが、それでも彼女は有名女優のおかげで命が救われたという、新たな幸運伝説を残すことに成功したわけです。

つまり、ここで私が言いたかったことは、**いわゆる「運」というものは人間の心理的な特性によって必要以上に過大評価されているということです。運は決して人生のすべてを司る万能選手ではないということなのです。**

第３章

「運がいい人」の
カンの鋭さの秘密

運のよい人は直感に従い、運の悪い人は直感を無視する

人生はよく「選択の連続」だと言われます。

今夜の晩ごはんのメニューから、就職先や結婚相手に至るまで人は常になんらかの選択を迫られます。

運のいい人は、複数の選択肢を前にしても結果的にいつも正しい選択をしている。

そんなイメージがあるのではないでしょうか。

外から見るとなんだか「当てずっぽう」のように見えても、実は無意識のうちに脳が超高速で正しい答えを導き出している。それが直感です。

ですから「直感」は単なる思いつきや偶然とはまったくの別物です。

直感の特徴のひとつは、ロジカル（論理的）ではないということ。

「AはBと似ているが、CはBではない。ならばCとAは相反するから、Cと同じDは、Aではない、だからDを選択しよう」……そんな回りくどいロジックをすっ飛ばしていきなり、あなたに「D」を選び取らせるのが直感です。

直感は人間以外の動物にもあります。というよりもむしろ動物のほうが常に「生き死に」が

かかっているぶん直感は鋭い。動物が急に不可解な行動を取ると、その後に人間に予知することができなかった天変地異が起こったりすることはよく知られている事実です。

直感は人類が言語を獲得する以前からあるものですから、現代人であっても言語を介することなくダイレクトに訴えかけてくることができるのです。

これを逆から見ると、直感というものは言葉にして分析すればするほど、根拠がなくなっていくということになります。

仕事にせよ、趣味のサークル活動にせよ、なにか決め事をする際、AかBかあるいはCかといった判断を下すときには「どうしてその判断を下すのか」を説明することが求められます。

大きな金額が動くプロジェクトとなれば、たくさんの資料やデータを揃えて、事細かにその判断を下した理由を関係者全員に納得させなければなりません。

ところが、実際のところは、誰もが「なんとなくこっちがいいな」と思ったものに、後からいろいろな理由をくっつけ、それに合った資料を集めて、もっともらしくその選択がベストであるというようなことを述べるというのが実情です。

たとえば、ある会社で行われているこんな会議の様子を想像してみてください。

A「ところでこんどのX社との協同プロジェクトの一件だが……」
B「A部長、あのプロジェクトですが、私はやはり取りやめたほうがいいと思うんですが」
A「なぜだ。その理由と根拠を説明してくれ」
B「理由とか根拠と申されましても……なんとなく危険な気がするとしか」
A「君は何の理由も根拠もないまま『なんとなくそんな気がする』で今度のプロジェクトを中止しろと言うのかね」

Aにそう言われてBは、あれこれと中止すべき理由を挙げていきますが、どれも後付の理由なので説得力に欠けます。

こうしてBの中止の提案は却下されてプロジェクト開始となりますが、結果はやはりBが直感したとおりX社の落ち度により失敗に終わる。

そのときにまた叱責を受けるのがBなわけです。どうしてあの会議のときにきちんとその理由と根拠を挙げて説明しなかったのだと。

こうして、Bは自分の直感はもう口にするまいと決心し、もし直感が湧いてもそれを自分自身で封じるようになるわけです。

さっきも述べた通り、直感というものは論理的ではありません。ところが、いまの会議のように人間の理性は常に理由を求めたがります。だから、せっかく浮かんだ直感を理性（言葉）が打ち消してしまうことがある。

あるとき、あなたが街を歩いていると、突然、頭の上から大きな船が落ちてきたとします。

（ヤバイ！）

あなたはとっさにその場から離れようとしますが、次の瞬間こう考え直します。

（いやいや、船が空を飛んでいるわけがない。きっと目の錯覚だろう……）

そんなことを考えているうちに、船はもうあなたの逃げられないところまで迫っている……。

そこまで切羽詰まっていなくても、このような状況は私たちの周りにいくらでもあります。

直感がなにかを訴えたときは、素直に従ってみる。そんな習慣を身につけることは運をよくする上でとても大事なことなのです。

迷ったら直感を信じる

ためらわず話しかけることで、チャンスが舞い込む

たとえばなにかの集まりやパーティに参加した際、直感的に「なんとなくあの人とは気が合

いそうだな」と感じる人に出会ったことはありませんか。

あなたはそういうとき、どういった行動を取りますか。

なんのためらいもなく、正面から話しかけていける人は少ないと思います。

一瞬「ちょっと話しかけてみようかな」と思っても、もう一人の自分、つまり理性がそれを引き止める。

（あの人は人気者で他にもいっぱい知り合いがいそうだし、こっちが話しかけても迷惑なだけじゃないかな……。適当にあしらわれて終わりかも）

そういうことのほうが多いのではないでしょうか。

しかし、けっきょくそうやって自分を押しとどめて、話しかけなければそこで終わりです。

もし、その人があなたに興味を示して、話がはずんでいたら新しいビジネスが始まるきっかけになっていたかもしれません。異性であれば、恋に発展したかもしれませんし、独身であれば結婚にまでいったかもしれないのです。それは大きな機会損失です。

思い切って話しかけた場合と、ためらって話しかけなかった場合の2つのシチュエーション。より損失が大きいのはどちらでしょうか。

話しかけて適当にあしらわれたとしても、多少自尊心は傷つくかもしれませんが、「次からはこうやって話しかけてみよう」などと、そこからなんらかの学びを得ることができます。

もし、うまくいけば話がはずんでいろいろと会話を重ねていくうちに、そこからまったく新たな人生が開けるかもしれません。

ところが話しかけなかった場合は、なにも学ばないし、新しい人生が開けることもありません。

どう考えても話しかけないほうが損失は大きいということがわかったと思います。

だから、人を見てなにかピンと感じるものがあったときはためらわず、思い切って話しかけましょう。つまり試行することをためらわない。それが運をよくする上でもっとも重要な方法のひとつなのです。

直感で仕事を選び、重要な選択をする

あなたは自分の直感を信じるほうですか、それとも信じないほうですか？

ワイズマン博士が行った調査では、**運のいい人は運の悪い人に比べてはるかに直感を信じているという結果が出ています。特に経済上の大きな決断や、キャリア上の決断をするときに自分の直感を信じる人は、運のいい人のほうが約20パーセントも多いというのです。**

「直感」を考える上で難しいのは、願望が反映された直感と、純粋な直感を見分けることです。

たとえばデパートやショッピングモールをぶらぶらと歩いていると、直感的に「あっ、コレいいな」と思う時がある。しかし、それは本当に直感なのでしょうか。じつは単なる物欲ではないのかということに行き当たります。

「それは本当に自分にとって必要かどうか」を自分自身に問うと、たいていのものは「必要ない」という答えが返ってくるということが、衝動買いを抑えるための指南書などに書かれていますが、私もその考え方に賛成です。(私もそのことを自分自身に問うているうちに「本さえあれば、あとのほとんどのものは必要ないのだ」ということに気づき、いまは自分の周りから不要なものをどんどん処分している最中です)

では、本当の直感とはなにか。

直感とは、それまでに蓄積された「経験」というデータベースにアクセスして、一瞬のうちに脳がはじき出したものです。

つまり、単なる願望によるものではなく、本当の直感力を鍛えたいのであれば、データベースを増やせばいいということになります。

それは要するにたくさん経験を積むということです。

経験が豊富になればなるほど、直感もより強く正確になる。

初対面の異性を見分けるとき、多くの人が直感を使っています。年齢や仕事などを聞いてからという人はまずいませんよね。

よく銀座の高級クラブのママさんが「本物の男の見抜き方」といったことをテレビでしゃべったり、本に書いていますが、あれはまさに長年の経験による男性の見分け方です。

靴を見るとか、時計を見る、袖から出たワイシャツがどうのとか、グラスの持ち方がどうのというのは、後からつけた理屈で、実際のところは言葉にできない、あるいは言葉にしにくい感覚、つまり直感が元になっているのです。

繰り返しますが、経験を積めば積むほど、直感もより鋭く、確実になります。

たとえば水産物の卸売市場のマグロのセリの仲買い人。彼らは、マグロのシッポの断面を見て、さっと匂いをかぐだけでそのマグロ全体をスキャンにかけたようにすべてをイメージできると言います。

その直感力に優れた人が、仲買人として成功するわけです。

「目利き」などと言われている人たちはだいたいそうです。

骨董の鑑定などもそうです。どんなに言葉を尽くしても最終的には言葉では伝わらない奥義のようなものがある。とにかくたくさんの品に触れること。そうすることで、本物か偽物かを一瞬のうちに見分けられるようになります。

直感に言葉が不要であることは、いわゆる「職人」のような、指先の微妙な感覚だとか勘に頼る人たちに寡黙な人が多いことからも見て取れます。

日々の暮らしの中で、ふとなにか直感が湧いたときは、あれこれとそれを言葉で分析せずにその直感に従ってみる。その結果が好ましいものであれば、あなたは自分の直感を信じるようになっていきます。

レストランでメニューを選ぶときや、ショッピングでセーターの色を選ぶとき、散歩の道順を選ぶ時、そんな小さな選択にも自分の直感に従うことを続けてみてください。

直感はあなたの期待に答えて、よりよい結果を出そうとするはずです。

そうなればあなたの運もきっとよくなるでしょう。

「ある」と思っていれば、そこら中にチャンスがある

部屋の天井のシミを眺めているうちに、ふと、それが人の顔のように見えた。そう思ったら、そのシミはもう人の顔にしか見えなくなる。

そんな経験はありませんか。

放射線医がレントゲン写真などの読影をするときの基本は、そこに病変が「ある」を前提に

あると思えば
チャンスが見える

見ることだと聞いたことがあります。

推定無罪ではなく、推定有罪。

腫瘍なり異常が「ある」を前提に見るのと、「多分なにもないだろう」と思いながら見るのでは、見え方が違うのです。

「ない」と思っていれば、見えるはずのものも見えない。「ある」と思っていれば見えるはずのものは見える。

海に潜って魚を獲って生活している人たちが、海底で背景に溶けこむように擬態しているカサゴやタコなどの素人ではとても見分けられないような獲物をなんなく見つけられるのは、そこに獲物がいるという前提で海底を見ているからなのです。

直感は、「ある」を信じていれば、それによく応えてくれます。

「私、運がいいんですよ。誰かに会いたいと思っていると急にそのヒト本人から電話がかかってきたり、道ばたでバッタリと会ったりするんです――」

「あっ、自分もそういうことがよくある」と思った方もけっこういるのではないでしょうか。

こういう人はおそらく別に「どうでもいい人たち」からも連絡を受けたり、道でバッタリ会ったりしているはずです。たとえ会っていたとしても相手の顔に気付かずに見過ごすか、気づいたとしてもその場でおざなりの挨拶を交わして「それじゃまた」となるだけなので、その出会いに対して特に意味を見出していない。だからあまり記憶に残らない。

ところが、会いたいと思っていた人に会ったときや連絡を受けたときは、それが素晴らしく意味のある偶然だと考える。

そんなときに、本当に運がいい人というのは、その幸運を相手とも分かち合おうとします。

「いや、運がいいなあ。ちょうどお会いしたいと思っていたところなんですよ」とか「ちょうどあなたのことを考えていたんですよ」

その言葉を伝えるだけで、相手は自分の価値が上がったような気がしていい気持ちになる。

なにか頼みごとがあるのなら、聞いてもいいよという気になります。

そうなればビジネスにせよ、プライベートにせよ、そこから先はなにも言わなかった場合よりも円滑に話が進んでいくことが予想されます。

「運のいい人」はそんなふうにして、自分の運をさらに上げているのです。

最初の2秒の印象を信じ切れるかどうかで、結果が変わる

直感を信じることが運をよくする上でとても大事だというお話をしましたが、もちろん中には外れることもあるでしょう。

愛読者カード

このハガキにご記入頂きました個人情報は、今後の新刊企画・読者サービスの参考、ならびに弊社からの各種ご案内に利用させて頂きます。

●本書の書名

●お買い求めの動機をお聞かせください。
1. 著者が好きだから　2. タイトルに惹かれて　3. 内容がおもしろそうだから
4. 装丁がよかったから　5. 友人、知人にすすめられて　6. 小社HP
7. 新聞広告（朝、読、毎、日経、産経、他）　8. WEBで（サイト名　　　　　）
9. 書評やTVで見て（　　　　　）　10. その他（　　　　　）

●本書について率直なご意見、ご感想をお聞かせください。

●定期的にご覧になっているTV番組・雑誌もしくはWEBサイトをお聞かせください。
（　　　　　）

●月何冊くらい本を読みますか。
（　　　　　冊）

●本書をお求めになった書店名をお聞かせください。
（　　　　　）

●最近読んでおもしろかった本は何ですか。
（　　　　　）

●お好きな作家をお聞かせください。
（　　　　　）

●今後お読みになりたい著者、テーマなどをお聞かせください。

郵便はがき

お手数ですが
52円分切手を
お貼りください

1 7 0 - 8 4 5 7

東京都豊島区南大塚
2-29-7
KKベストセラーズ
書籍編集部行

おところ 〒

Eメール @ TEL ( )

(フリガナ)
おなまえ

年齢 歳
性別 男・女

ご職業
会社員
公務員
教 職(小、中、高、大、その他)
無 職(主婦、家事、その他)
学生(小、中、高、大、その他)
自営
パート・アルバイト
その他( )

もし直感が外れたときはそれを振り返って、それを経験に昇華させることが大事です。マグロの仲買人にせよ、骨董の鑑定士にせよ、おそらくはさんざん失敗をして苦い思いをしてきている。それをデータベースにためていくことで直感力を磨いているわけです。

そしてもうひとつ大切なのは直感を信じることです。直感を信じないと、そのうち直感がなにかを伝えてきてもそれに気づかなくなっていきます。

自分自身を信じていない人に、直感を信じることはできません。直感を信じるということは自分自身を信じるということです。だから運がよくなるのです。

直感の元となるのは、それまでに蓄積された「経験」というデータベースが元になっていると述べましたが、その過去のデータの蓄積が少ない子どもの直感は当てにならないのかというとまったくそんなことはありません。

子ども一人ひとりの経験は少なくても、生まれたときから持っている、はるか昔の祖先から脈々と受け継がれてきた個を越えたデータベースが備わっているからです。

逆に子どもたちのほうが、直感を素直に受け入れるので、私たち大人よりも当たるということがいくつかの実験によって検証されています。

たとえば、**アメリカの小学生を対象にした実験で、大統領候補の写真を見せて、誰が当選するか予想させたところ70パーセントの確率で当選する方を当てたという結果が残っています。**直感

に対して素直であることに加えて、子どもたちには各候補に対する先入観や偏見がありません。それが大人になると、この候補の政策には問題があるとか、過去にスキャンダルがあったとか、そういった属性や余計な情報に惑わされるようになってしまう。

心理学者のナリニ・アンバディ博士と教育心理学の専門家ロバート・ローゼンタール博士が行った有名な実験のひとつにこんな実験があります。

新学期が始まる前に生徒たちに音声のない複数の講義風景のビデオを10秒間見せて、それぞれの教授の印象を評価させるのです。

ビデオを上映する時間を5秒に短縮、さらに2秒に短縮しても学生の判断はブレることなく一貫していました。

そして、その学期終了後に再び各教授の評価をさせたところ、それは最初に下した評価とほぼ一致していたのです。

なんの先入観もなく、まったく初めて見る教師のビデオ映像を見た印象だけで下した評価は、その後実際に授業を受けてから下した評価とほぼ一致していたのです。

おそらくわずか2秒会っただけの人にどんな印象を持ち、どう評価するかと聞かれたらほとんどの人は「優しそう」とか「厳しそう」くらいのことは言えても後は言葉に詰まってしまうではないでしょうか。

しかし直感から私たちが得ている情報量はその比ではありません。

自分が得た直感を後から検証するために、「直感ノート」をつけるのも1つのアイデアかも知れません。

初めて出会った人の第一印象を書き留めておいて、後から最初に受けた印象と時間が経ってからのその人の評価にどれくらいの差があるか比べてみるのです。こうして確認していくことで人を見る目が鍛えられ、必然的にあなたの運はよくなっていくのです。

腸内環境を良くするとカンが鋭くなる!?

仕事やプライベートに関わらず、なにかしようとした瞬間、ふと胸騒ぎに襲われるという経験をしたことはないでしょうか。

ひと口に直感と言っても「なんとなくよさそう」というボヤッとしたものから「絶対にヤバイ」という緊急性を帯びたものまでいくつかのパターンに分けられますが、その中でも私たちが生活していく中でいちばん大切にしなくてはならないのが「悪いこと」を直感する力です。

よい直感はスルーしても大きな実害はありませんが、悪い直感は直接生命にかかわってくることがあるからです。食べ物で言えば、美味しそうなものを見分ける力より、絶対に食べてはいけない「毒」や傷んだものを嗅ぎ分ける力のほうが重要だというのと同じです。

悪い直感（予感）の特徴としてひとつ言えるのは、それが必ずしも頭の中だけでひらめくとは限らないということです。

たとえば、なにか大きな買い物をして最後に売買契約書に判を押すなどというとき、なんだかみぞおちから胸のあたりがゾワゾワとして落ち着かない気持ちになることがある。直感が、その契約はやめるべきだと訴えているわけです。これがいわゆる「胸騒ぎ」です。

私はこの胸騒ぎやみぞおちのゾワゾワする現象には、アドレナリンというホルモンが関わっているのではないかと考えています。

アドレナリンは、敵との戦闘態勢に入ったときや、あるいは敵から逃げるときに放出されるホルモンです。全身のパワーを攻撃、あるいは逃走に使うためにとりあえずいまは必要のない胃腸の機能を落とす。それがみぞおちがゾワゾワする原因なのではないかと思っているのです。

人間の行動や情動がいわゆる脳内伝達物質であるホルモンの状態によって変化することはよく知られていますが、そもそもホルモンが最初に発見されたのは腸内で、腸は脳の次に神経伝達物質を生産している臓器で、それが「第二の脳」と呼ばれる理由です。

脳と同じ神経細胞を腸はもっていて、「幸せホルモン」と呼ばれるセロトニンはその生産量の9割以上が腸内で作られています。そのセロトニンが不足すると、不安感や焦燥感に襲われる。つまり、本人が直感によってなんらかの危険を感じると、アドレナリンが分泌されて腸の働きを抑制する。そのためにセロトニンの分泌が少なくなって不安感を煽り、みぞおちのあたりがゾワゾワするのではないかというのが私の考えです。

いま述べたように**腸は第二の脳ですから、逆の見方をすれば腸内環境を良くすることで幸福度が上がり、頭の回転も良くなる**と言ってる人もいて、それも意外と間違っていないのではないかなと思います。いずれにせよ、**腸を健康に保つということは、もしかすると直感力を高め運をよくするひとつの要素なのかもしれません。**

腸が運を作る

自分だけのラッキーナンバーを探す

何気なくデジタル時計に目をやった瞬間、表示が「22時22分22秒」を指していた。

自動車を運転中、ふと走行距離計を見たら「12345・6キロメートル」だった。

あなたにも経験がおありだと思いますが、人はなぜかそういったゾロ目や意味のありそうな数字の並びを見るとなぜだか、「運がいいような」気がして嬉しくなってしまいます。

平成22年2月22日、あるいは2011年11月11日には、日付がゾロ目の切符を手に入れようと、鉄道ファンだけでなく大勢の人たちがわざわざ駅まで足を運んで、乗りもしない電車切符を買ったと言います。

私自身、何気なくふと時計を見たときに11時22分であることが多いような気がします。なぜなら、私の誕生日が11月22日だからなのですが、冷静に考えてみると、１１２２以外の数字の並びも実はイヤというほど見ているはずなのです。でも、意味がないから記憶に残らない。だから、確率的には同じのはずなのによく見ている気がしてしまうわけです。

こういった人間の数字に関する思い入れというのは大昔からあって、魔方陣（正方形を区切ったマス目に縦・横・斜めのいずれの列についても、その列の数字の合計が同じになるという例のあれです）などは、紀元前1世紀頃の中国ですでに作られていたことがわかっています。

また中国には、川が氾濫しないように特定の数字を書き込んだ御札を防波堤に埋めておくといったこともされていたようです。他では、キリスト教の「６６６」という例の悪魔の数字や、縁起が悪いとされる「13」といった数字が有名です。

ここで私がなにを言いたいのかというと、人間は数字というものを見るときにどうしてもバイアスがかかって公平に見ることができないということです。

たとえば、「いまここで思い浮かんだ4桁の数字を書いてください。この後の抽選で選ばれた4桁の数字と完全に一致したら賞金を差し上げます」と言われたら、あなたはどんな数字を書くでしょう。

この本を読んでくださっている方の中には、自分だけの「ラッキーナンバー」というものを決めている人も多いと思いますが、それを使うのもいいでしょう。確率的には他の数字と同じですが、もし、それが当たったとしたらあなたはやっぱり自分は運がいいと確信する。「運がいいと確信できる」ということは、すなわち「運がよくなっている」ということに他なりません。

私はなんでもかんでも科学の力で運を解明できるとは思っていません。ラッキーナンバー自体に科学的な裏付けはありませんが、統計的にはラッキーナンバーをもっている人のほうが、いわゆるナンバーズなどの数字当て系のクジでは当選しやすいという報告もされています。もし、ラッキーナンバーをお持ちであれば、そういうチャンスがあったときはどんどん活用してください。

少し話が横道にそれましたので、戻しましょう。

もし、あなたが任意の4桁の数字を書いてくださいと言われて「1111」とか「2222」と書きますか？　おそらく書かないと思います。

「3658」とか「7365」といった、バラバラの数字を並べて書くのではないでしょうか。なぜ、そうするかというと「いかにもありそうな数字」だからです。

私たちが普段見かける数字、たとえば電話番号やデジタル時計の表示などは、ほとんどすべてがアトランダムな「意味がなさそうな」数字です。だからこそ、ゾロ目や規則正しく並んだ数字の列に興奮する。要するに珍しい数字だと思い込んでいるわけです。

ところがもうおわかりとは思いますが、確率的には「１１１１」も「３６５８」も出現する確率は同じです。どちらも珍しくて珍しくないわけです。

よく切った52枚のトランプのカードのうちの５枚があなたに配られたとします。見ると、数字も種類も１枚１枚バラバラでなんのつながりもないように見える。

ところが、それだって何億通りもある中のたったひとつの組み合わせで、もう一度まったく同じ組み合わせのカードを手にすることは一生ないかもしれない。というよりその確率はほぼゼロと言ってもいいでしょう。

数学者のホレス・レビンソンという人が「実際に起きたことはすべてが『大穴』なのだ」と表現しています。

そうやって考えていくと、私たちが当たり前と考えている「日常」のカレンダーの一コマでしかない今日という日も、実はその「大穴」なのだ。

そう考えると、今日という日が特別な日に思えてくる。

時間を大切にすることは、試行回数を増やすという意味でも、精度を高めるという意味でも、運をよくするための基本中の基本です。

第４章

「運がいい人」がやっている意外な習慣

平凡な日常を楽しむと運がよくなる

「幸福な家庭はどれも似かよったものであるが、不幸な家庭はいずれもそれぞれに不幸なものである」

ロシアの世界的小説家のトルストイの代表作のひとつ『アンナ・カレーニナ』の書き出しの言葉です。

家族みんなが心身ともに健康で、とりあえず安全に暮らせる場所があって、着る物や食べる物の心配もなく、平穏無事に暮らしていれば、それだけで十分に幸福な家庭の条件を満たしていると言えるでしょう。

いやいや、それだけじゃまだぜんぜん足りないよという人もいるかもしれません。

しかし、住む家どころか祖国を失ったり追われたりした難民たちや、1日1ドル未満で暮らす多くの発展途上国の人々から見た、先進国に住む私たちの暮らしぶりが、彼らの目にどう映るかを考えたら、納得せざるを得ないのではないでしょうか。

とりあえず衣食住に不自由せず、心身ともに健康でいられることが幸せの条件であると考えると、この世界には幸運のタネよりも不運のタネのほうが圧倒的に多いということに気づかされます。

たとえば私たちは日常的に「健康運」がいいとか悪いとか言いますが、健康な状態というのは身体になにも異常がないことで、ひとつの状態しかありません。それに対して、人間がかかる可能性のある病気は相当数に上ります。そこに怪我が加わったら、それこそ健康を損なわせる悪運は無数にあると言っても過言ではありません。（どんなに健康運に恵まれている人でも、最後には「死」が待ち受けているわけですが）

多くの人が気にかけている「金運」にしてもそうです。

お金を手に入れるには、普通に働いて稼ぐ、株などの投資で儲ける、宝くじやギャンブルで一発当てる、遺産相続などで棚ボタ式に転がり込んでくる……くらいしかありませんが、お金を失うパターンはそれこそ、自然災害や病気から金融機関の倒産、会社の倒産、解雇、失業、詐欺、泥棒被害、投資の失敗、ギャンブル、浪費、ローン破産、……お金を手に入れるその何倍、何十倍もあるわけです。


それだけ不幸のタネがゴロゴロと転がっている世の中で、少なくとも衣食住に困ることなく平穏無事に暮らしていられる人は、それだけで運がいいと言えます。

毎日、特にこれといっていいことも悪いことも起きない平々凡々とした日々に飽き飽きしている自分を「運が悪い」と思うのか、なにも悪いことが起こらず、平穏無事に暮らしていられる自分を「運がいい」と思うのか。

まったく同じような暮らしぶりをしていても、人によって幸福感というものはそれぞれ異なります。ならば、**毎日不満を口にしているよりも、自分の幸福に対する感度を上げて、「ああ、自分は幸せだなあ」と思いながら生きていられたほうがいい。**

実はそこにこそ運がいい人と、運の悪い人の大きな違いがあるのです。

ニュース番組を見ると運が悪くなる

家でぼんやりとテレビを見ていると、ふいにスピーカーからニュース速報を知らせる効果音が流れてきて、思わず身構えて画面に見入ると、テロップで流れてきたのは「○○県の県知事選挙で現職の××知事が当選確実」といった比較的どうでもいいニュースでガッカリしたという経験はありませんか。

不謹慎だとは思いながらも、心のどこかでもっと大きな事件や事故や災害のニュースを期待してしまう。それが人間の性というものなのです。

人間はグッドニュースよりもバッドニュースのほうにより強く心を引かれます。よりたくさんの視聴者を獲得しなければならない民放テレビのワイドショー番組などを見ていれば、その傾向は一目瞭然です。

前述したように、ラッキーなことは見逃しても実害はありませんが、身の危険に関わる情報は命に関わることがあるので、より強い注意力が向かうようプログラムされているわけです。

しかしあたりに猛獣がウロウロしていた原始時代ならそれもかまいませんが、現代の社会であまりにもネガティブなことばかりに目が向かうのはどうなのでしょう。

一般的に、細部の異変に気づく観察能力や危機管理能力はネガティブな人のほうが高いと考えられています。

ネガティブな人のほうが最悪を想定しているので、リスクに対して心構えができている。だから思いがけない事態に遭遇してもそれはある程度想定内なので失敗しにくい。

中身のお酒が半分に減ってしまったボトルを見て「もう半分しかない」と言う人と、「まだ半分も残っている」と言う人では、「まだ半分も残っている」と考えるポジティブシンキングの人のほうが成功しやすいなどとよく言われますが、時と場合によります。

会社の資産がみすみす半分になっていくのを眺めながら、まだ半分も残っているから大丈夫というようなタイプは、現代の経営者としてとてもではありませんが、生き残れないでしょう。

しかし、人間が本能的にネガティブな事象に注意が向かうとはいえ、気分が落ち込むようなニュースや悲劇的な映画やドラマを毎日見たり、ホラーの要素や暴力に満ちたゲームばかりし

ていると、それが徐々に私たちの気分や感情のみならず将来に対する期待にもマイナスの影響を与えると言われています。それの極端になった例が、**マスメディアの自殺報道の量が増えることで、それに影響されて自動車や飛行機の事故率が上がるという「ウェルテル効果」と呼ばれている現象です。**

人間は、先にも述べたように物事のネガティブな面に目を向けがちなので、起きたできごとを必要以上に悪く見てしまう傾向があります。運を悪くしたくなければ、普段から目や耳に入れるネットやマスメディアの情報には気をつけたいものですが、そもそもどうして、見ているだけで気持ちが暗くなるようなニュースを好んでテレビ局は流すのか不思議に思ったことはありませんか。普通なら、企業イメージが悪くなることを恐れて番組のスポンサーは殺人事件などの悲惨なトピックを外すか短くするよう働きかけそうなものです。しかし、そんな様子はまったく見られない。

これには理由があります。**ネガティブなニュースを見た後は、「恐怖管理理論」といってその恐怖から逃れるために人間は気晴らしをしようとします。その気晴らしが「買い物」なのです。だから、テレビ局は殺人事件の後にCMを流すわけです。**そうすると視聴者の反応も高まるから商品も売れるわけですね。

ですから、殺人や自殺のニュースもそのまま惰性で見続けているような人は、ウェルテル効果によって自分の人生に悪影響を及ぼしていることに気づいたほうがいいでしょう。
いずれにせよ、ネガティブなニュースを見続けていてもなにもいいことは起きません。
つまり、運が悪くなるのです。

不運を大きく感じるようにできている人間

人間は無意識のうちに、自分の身には幸運より、不運のほうが起こる確率が高いと考える傾向があります。

たとえば、一人1万円ずつの賭け金で1万人がお金を出し合い、当選した一人が1億円を総取りするという宝くじがあったとします。さて、あなたはそのとき、どれくらいの確率で1億円を引き当てる自信がありますか？

「ひょっとしたら当たるかも」と考える人より「まず、当たらないだろう」と思う人のほうがはるかに多いはずです。

ところがこれを「逆宝くじ」で考えてみたらどうでしょう。

宝くじに参加することであなたにその場で現金1万円が手渡されます。

抽選に外れたら、その1万円はそのままあなたのものになりますが、もし、1万人のうち

損失を怖れすぎない

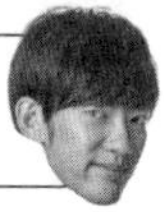

の一人になった場合、つまりハズレを引いてしまったら、あなたは全員が受け取った賞金の9999万円を払わなければなりません。

もし払えない場合は、生命保険をかけて殺されるか、臓器を抜き取られる契約になっています。三流ホラー小説みたいな話ですが、もしそんな「逆宝くじ」があったらあなたは、参加するでしょうか。

当たり（正確に言えばハズレ）を引く確率はさっきとまったく同じ1万分の1ですが、「たぶん当たらない」というより「もしかしたら当たってしまうかも」と考える人のほうがはるかに多くなるはずです。おそらく参加者1万人を集めるのは大ごとでしょう。

同じ金額でも、**人が利益よりも損失のほうをより大きく考える傾向にあるというのは、行動経済学者のダニエル・カーネマンが「プロスペクト理論」という形で実験により証明しています。「損失を受けることで感じる心の痛み」は「利益を得る喜び」よりも大きい。**

一見、ネガティブな考え方でよくないと思われるかもしれませんが、この世界はポジティブに考えるより、ネガティブに考えていたほうが生き残る可能性が高いわけで、だからこそそういった因子を持った人がたくさん残っているわけです。

どうもなにかあると物の見方が悲観的になってしまうとか、考えなくてもいいことを考えすぎて、けっきょく取り越し苦労をしてしまうという人は、ネガティブな性質によって生き延びてきた適者生存の末裔、つまりは強い運の持ち主なのだと誇るべきかもしれません。

悪いことが起きた時は、もっと悪いことを考える

たとえば、あなたが乗る予定だった電車に、「運悪く」乗り遅れたとします。次の電車が来るのは1時間後。あなたは吹きさらしのホームで次の電車が来るまで1時間待っていなければなりません。

そんなとき、あなたはどんなことを考えますか。

せっかく空いた時間だから、ゆっくり本でも読みながら電車を待とう。そんなふうに思える人は運がいい人です。

ところが、多くの人の場合、心の中に浮かぶのは後悔です。

（あと10分、いや、あと5分早くでていればなあ……）

（あのとき、変なおじいさんに道を聞かれてなければ間に合っていたのに……）

（駅前の横断歩道の信号が、あとちょっと早く青になってれば………）

（コンビニで弁当買ったときの店員がもっとテキパキしてれば……）

次から次に、ああすればよかった、こうすればよかったと考え、その後に出てくるのは「ま

ったく今日はツイてないなあ」というひとり言です。

こうして運が悪かったという思いは、繰り返されていくうちに増幅して心の中に根を下ろしていくわけです。

ところが、乗りそこねたと思った電車がなにかの理由で到着が遅れて、その電車に乗れた場合であればどうでしょう。

「いやあ、ラッキーだったなあ」

電車に乗って席についてからたぶん、2、3分であなたは自分のラッキーについて考えることをやめ、他のことをし始めるはずです。

つまり、**不運と幸運を比べると不運のほうがイメージとして定着しやすいのです。**

こういう、ツイてないことが起こったときは、自分や人を呪ったり、ブツブツ不満を言うのではなく、次は遅れないように電車の時刻表をメモしておいて、次に同じ失敗をしないよう前向きなことをすべきです。

一度起きてしまったことはどんなに文句を言っても嘆いても、なかったことにはできません。

思わず「ツイてない」とか「運が悪かった」といった言葉が浮かんだときは、もしあの電車に乗っていたら、もっとよくないことが起きたかもしれない。

電車に乗り遅れた程度で済んでよかったと考え方を切り換えましょう。

欲しいものを具体的に意識すると、運よく手に入る

「なんかいいことないかなあ……」

ふと気づくと思わずそんな言葉をつぶやいている。

あなたには、そういう経験はありませんか。

ただ、なんとなく運がよくなることを期待していても、それほど調子よく幸運が訪れるなどということはまずないでしょう。（まったくの偶然を除けば）

ある大学で、学生の就職活動のサポートをしている人がこんな話をしているのを聞いたことがあります。君はどんな仕事をしたいのかと聞くと、実に多くの学生が「クリエイティブな仕事」とか「もの作りに関わる仕事」と答える。では、いったいどんなものを作りたいのかと聞かれても彼らは答えに詰まる。

「ビル」だとか「映画」というように具体的な名前を挙げるのは少数派で、ただなんとなく一日中机に向かって事務仕事をしているのは嫌だというのがホンネらしい。そんなに「もの作り」がしたいなら、「大学なんかに来ないで山にこもって陶器でも焼いていれば」と言いたくなるとこぼしていました。

つまり、サポートする側としては、相手がなにを望んでいるのかわからなければサポートのしようがないわけです。これはそのまま「運」の話にもつながります。

みなさんの周りにもいませんか、会うとすぐに「なんか面白いことない？」とか「なんかいい話ない？」が口癖の人。

こう聞かれてすぐに「面白いこと」や「いい話」ができる人などめったにいません。たとえ「いい話」があったとしても、そうやすやすと教えてあげようとは思わないはずです。なぜなら、なにかいい話があれば、それに乗っかっておこぼれにあずかろうという魂胆が見え透いているからです。

「なんか面白いことない？」タイプの人は、一見、好奇心が強い行動的な人のように思われますが、むしろ逆なのです。

「なんか○○なことない？」と聞くのは、運の悪い人の特徴で、質問が具体的ではないんですね。

求めているものに対する具体性がないと、後で詳しく延べますが「カラーバス効果」（自分と関連した情報や興味のある情報を無意識のうちに集めようとする性質）が働かないから近くにあっても見つからないわけです。

幸運の女神は、子どもに「なんか食べるものない？」と聞かれて、「ハイ、ハイ」とすぐに食べるものを用意してくれるお母さんとは違います。

幸運の女神を味方につけたければ、欲しいものを具体的に意識することが大切なのです。

運のよい人は寄り道を楽しむ余裕がある

あなたは、ひとつ目標をこれと決めたらそれに向かって邁進できるタイプですか。

それとも、ついつい周りが気になって、あちこちに寄り道してしまうタイプですか。

さて、運がよくなるのはどちらのタイプでしょう。

ひとつこれと決めたら、脇目もふらずその目標に向かって一直線という生き方は、美しいかもしれません。しかし、それを別の視点から見たらそれは硬直的で柔軟性がない生き方であるとも言えます。

たとえば、ここにAとB、2人の青年がいます。

2人の目標はプロのカーレーサーになること。

スタートしてからしばらくの間、道のりは2人ともほぼ同じです。

レーサーに必要なライセンスを取得し、モータースポーツの専門学校に入学します。

Aは一刻も早く目標を達成したいので、とにかくできるだけレースに出場して好成績を残そうと学校を途中で退学。レースに集中します。

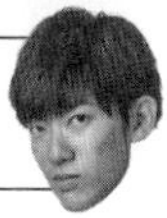

寄り道をして チャンスを見つける

一方のBは、ドライビングテクニックだけでなく、自動車の構造やメカニックの技術、メンテナンスなども学んでおいたほうが後々有利だと考え、学校に通い続けます。

Aは不断の努力が実り、見事プロレーサーとしてデビューを果たしますが、成績はいまひとつパッとしません。

Aに先を越されたもののBは、まだプロのレーサーになる夢は捨てていません。が、その一方で自動車工学の魅力に目覚めた自分に気づきます。

やがてBもAの後を追ってプロとしてレースに参戦しますが、すぐに自分のドライバーとしての才能の限界に気づき、メカニックへの転身を決意します。

片やAのほうですが、成績はなかなか思うように伸びません。しかし、もっと練習に励み努力すれば必ず優勝できると信じて、ますますカーレースにのめりこんでいきます。

それから10年後のふたりがどうなっているか、なんとなく想像つきませんか。

具体的な目標を設定するのはいいことですが、あまりにもそれにこだわって目標を絞り過ぎると、ちょっとした変化（運と言い換えることもできます）に対応できず、自らが設定した目標で自分の首を締めるという結果になりかねないのです。

自分に厳しくするのもほどほどに、が運をよくする秘訣なのです。

小さなことにこだわらないことが運をよくする秘訣

たとえばあなたがレストランに行って、前からどうしても食べたかった料理を注文したとします。5分ほどして、ボーイさんが申し訳なさそうにその料理が売り切れになったことを告げにきます。そのときあなたはどんな対応をするでしょう。

A　ないものはないのだからしょうがないと、頭を切り替えて別のものを注文する。
B　なんとか、材料を揃えて作ってくれるよう交渉する。
C　怒って店を出て行く。

さて、この中で、運がいい人が取る行動はどれだと思いますか?

運がいい人に共通していることのひとつに「こだわりが少ない」ということが挙げられます。別の言い方をすれば、いい意味で「アバウト」です。

つまり、人生において、なにごとも「こうでなくてはならない」と決めつけず、なにかあっても「まあ、それもありかな」といった感じで、受け流したり柔軟に考えたりすることができ

る。それが運をよくする特質だということができるでしょう。

「幸運な人々は、人生において新しい体験を進んで受け入れる。慣習に縛られることが少なく、予想外のことが起こりそうな雰囲気を好む」とリチャード・ワイズマン博士も述べています。

人生をたとえば、世界各国のあらゆる料理が揃っているバイキングスタイルのレストランだと考えてみてください。

自分はこれが嫌いだ、あれも嫌い。これは食べられないし、それも口に合わない――。

そうやって好き嫌いしていたら、せっかくのバイキングも楽しめません。そもそもバイキングに行った意味がない。

食べてみて、舌に合わなそうであれば別に飲み込む必要はないのです。そっと吐き出して、もう食べなければいいだけの話です。

自分が食べるだけではありません、何でも美味しそうに食べる人と、あれこれ好き嫌いが激しい人の2人がいたら、あなたはどちらの人と一緒に食事を楽しみたいと思いますか？

なんでも美味しそうに食べる人に決まっていますよね。

運がいい人の周りに自然と人が集まってくるというのは、そういった理由もあるのです。

最初から、それこそ「食わず嫌い」で食べることを避けてばかりで可能性を狭めてしまうということは、取りも直さず試行回数を減らすことに他なりません。人生というバイキングには、どこにどんな美味な料理があるかわからないのですから。

小さなことにはこだわらない。それが運をよくする秘訣です。

キャリアの8割は偶然で決まる（計画的偶発性理論）

あなたは自分の人生の何割くらいが「運」で決まると思っていますか。

スタンフォード大学の教育・心理学部教授、クランボルツ博士が、莫大な財産や名声を手にしたいわゆる「人生の成功者」と呼ばれる人たちを対象にアンケートを採り、彼らの成功の秘訣やキャリアを細かく分析した結果が１９９９年に発表されたのですが、それは非常に興味深いもので世界でも大きな反響を呼びました。

成功者の約80パーセントが、自分が成功した理由は「思いがけない偶然」によってもたらされたものであると答えているのです。

当然、多くの成功者が、現代でいうと電気自動車のテスラモーターズＣＥＯのイーロン・マスクやスターバックスＣＥＯのハワード・シュルツのように、才能に恵まれていたとか、成功するまで寝る時間も惜しんで死ぬほど働くハードワーカーだと思っていたら、そうではなかったのです。

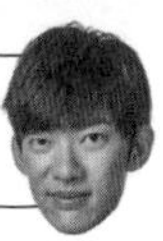

それをクランボルツ博士は、**計画的偶発性（プランドハップンスタンス）理論**と名付けたわけですが、これは簡単に説明すると、**人間一人ひとりのキャリア（仕事の経歴）の8割は偶然、たまたま起きた出来事によって決定される。**であれば、その偶然を計画的にデザインしていけば、自分のキャリアもよりよいものになっていくだろうという考え方で、まさにこの本が提唱する「運を作る」ということに他なりません。

かつての日本のように、終身雇用制や年功序列制の時代ならまだしも、現代のように世情がめまぐるしく変化する時代になったら、さっきのレーシングドライバーではありませんが、あまり綿密な将来設計をしたり、自分の将来設計にこだわることは、危険で現実的ではない。

自分の夢だとか目標にこだわるあまり、それに関わる職業や仕事しかないと考えるということは、それ以外の可能性を消してしまうことに他ならないからです。

「計画された偶発性理論」では、どっちみちキャリアの8割が予期できない偶然の出来事や人との出会いで決まるのであれば、その偶然が起こることをただ漠然と待つのではなく、自分から積極的にアクションを起こす、つまり試行回数を増やしつつ、さらにその精度を高めていけば、自分に起きた偶然をよりよいステップアップの機会に変えていくことができるわけです。

運の悪い人ほど詐欺に引っかかりやすい

あなたは人にだまされたという経験はありますか。

また後のほうで詳しく述べますが、運というものは良くも悪くも基本的にほとんどの場合、第三者が絡んだ形でやってきます。

ですから、運が悪いという人を観察すると、たいていその陰にあまりよくない人間がいる。

よくない人というのは世の中たくさんいますが、ひとつ例を挙げると、何の効き目もない小麦粉を丸めて作ったようなものを、健康サプリメントと称してバカ高い値段で売りつけるような人（会社）です。

私の知り合いに、いわゆる「水素水」にはまっている人がいます。

ご存知の方もいるかもしれませんが、水素水というのはけっこう値段が張ります。

私は理系なので、その「水素水」の話を聞いたとき「なんだかうさん臭いな」と思いました。

なぜなら、水素を容器の中に閉じ込めるということは非常に困難だからです。

水素は宇宙に存在する分子の中で最も小さいので、ペットボトルなどはいとも簡単にすり抜けてしまうのです。

水素分子より22倍大きい炭酸ガスですら、時間がたてば完全に抜けてしまうわけですから、「水素入り」とうたっているペットボトルの水素水に水素が入っているとは思えません。水素水の金属製パッケージの表に「水素が抜けにくい」と書いてあったりすると、すでに抜けることが前提で作っているのだということがわかります。

水素水はひとつの例ですが、この世の中には消費者の無知につけこんだ科学的に考えたらあり得ない効果をうたった商品があふれています。

いわゆるエセ科学には近づかないことです。

「ありがとう」と感謝の声をかけた水と「バカヤロー」とか「死ね」といった汚い言葉をかけた水を凍らせて結晶にすると「ありがとう」のほうはきれいな結晶になり、汚い言葉をかけた水はいびつな形の結晶になるといった類の話は信じるだけムダです。

二重盲検法と呼ばれる、観察者の主観が入る予知のないダブルブラインド検査をやればそんな結果が出るはずがない。

きれいな言葉とか美しい音楽を水に聴かせると……などと言い出す人が問題なのは、なんの合理的な疑いをはさむこともなく、その手の話を盲目的に信じているからです。

なぜ「ありがとう」という言葉で水の結晶がきれいに整うのか、その理由を考えようとしていないのです。それは「ありがとう」という言葉の周波数がいいのか、音ではなく人間の感情が水の分子に伝わっているのか、あるいは水が言葉の意味を理解しているということなのか……そういう話になる。

たとえば私は健康関連の商品を買うときに、「波動」という言葉が出たら疑えと言っています。

「ありがとう」という言葉の波動がどうのとか。

私は、物理系で量子力学とか波動の定義に関してはそれなりに勉強してきたつもりです。だからそういう場面で「波動」という言葉が出たら、もうぜんぜん違うでしょうと思ってしまいます。

「波動測定器」なる機械がありますが、あの機械のメーターにはそもそも単位が記されていません。「波動は37です」などと言われても単位がわからなければ、どう答えていいのかもわかりません。

効果のないものに頼らない

運がいい人と悪い人の特徴のひとつに、運が悪い人は問題に直面したときに効果がないものに頼る傾向が強いということがわかっています。運のいい人は問題解決のために具体的な努力や新しい試みをしようとするのに対して、運の悪い人は神頼みをしたり、周りが見えなくなって詐欺的なものに引っかかりやすくなる傾向があるのです。

たとえば受験でいえばテストの成績が悪ければ、運のいい人はどこが自分の弱点なのか見極めて勉強して挽回しようとします。ところが運が悪い人は頭がよくなるサプリメントだとか記憶力がよくなるブレスレットといった怪しげなものに手を出そうとします。

運をよくしたいなら、効果がないものを見極めて手を出さないことです。突然、思いがけない臨時収入が入ることを「運がいい」と言うのであれば、お金が無駄に出て行ってしまうことは「運が悪い」ということですから。

感情をコントロールするには、言葉にすること

普段、仏様のように温厚だと思っていた人が、なにかのきっかけで感情を爆発させる、いわゆる「ブチ切れる」場面に遭遇したことはありませんか。

普段からよく切れている人ならまだしも、こういう予想だにしていない人が爆発するという状況に接すると人間は擬死した小動物のように反射的に固まってしまいます。しかも、その怒っている理由がよくわからなかったり、些細なことだったり（こっちから見てですが）した場合、その衝撃はさらに大きくなります。

ところが同じ意外な一面を見せるにしても、仏様とは逆に普段から言葉遣いが荒く粗暴な人が、なにかのきっかけで思わぬ優しい一面を見せたりすると、他人から見たその人の印象は一気にプラスに変わります。

「普段は口が悪いけど、〝本当は〟心の優しい人なんだな」

ところが普段は優しくて穏やかに見えていた人が感情を露わにすると、粗野な人とは逆のことが起こります。

「普段は猫をかぶっているだけで、〝本当は〟面倒臭い人なんだな」

となって、それまでの好印象がたった一回切れたことで一気に信用が暴落してしまう。

こうなると人は離れます。ということは、運からも見放されます。

やはりどんな場合であれ、基本的に感情を爆発させることは慎んだほうがいい。

感情が爆発するのは、それまで不満や怒りをためているからです。

感情を言語化する

そうならないようにするためには、**怒りなどマイナスの感情が湧いたときに、それをひと言で表現するようにすると、その感情が劇的に減少するという研究結果が出ています。**

「感情を言葉にすると落ち着く」には理由があります。

私たちの脳の中には感情を司っている扁桃体というアーモンド形の小さな器官があり、これを前頭葉が抑制しています。この前頭葉は理性を司っており、扁桃体から強い感情が湧き上がっているとき、その感情に名前をつけるなど人格化することで前頭葉が活性化して理性的になれることがわかっています。

たとえば、今日はなんだかやる気がしないから、サボりたいなあと思っているときに、そのサボりたがっている自分に名前をつけるわけです。

たとえば、ふと怠けたい気持ちになったとき、心の中で（ヤバイぞ、いま〝ヤル気なし夫〟が出てきているなあ）と、自分を突き放して客観視することができる。

そうやって感情を言語に変換することによって前頭葉が活性化し、理性が扁桃体を抑えるわけです。ですから、言語能力に長けている人は感情を抑えることが上手なのです。

感情をコントロールする方法としてもうひとつ私がお勧めしたいのが「鏡を見ること」です。なぜなら人間は自分の顔を鏡で見ると冷静になるという性質があるからです。

たとえば、ダダをこねて泣いている子どもに、スマホのカメラの自撮り機能をオンにして自分の顔が見えるようにしてやると見事に泣き止みます。

鏡に映った自分を見ると、つい手が頭に行って前髪を整えてしまったりすることはありませんか。それは、鏡を見た瞬間に理想の自分と現在の自分を比べて、理想に近づけようとする。だから、落ち着くわけです。

鏡の前に座って勉強するのもお勧めです。サボりたくなったときに、ふっと顔を上げて鏡に目をやると、サボっている自分の姿が見えるので、「これはまずい」と自分を戒めることで勉強に集中しやすくなるのです。

余談になりますが、「すぐ感情的になる」というと男性は女性のことを思い浮かべます。しかしそれは偏見というものです。女性は感情的なのではなく、感情的にふるまっているだけであって、感情を抑えようと思えばできるのです。一方、男性が感情的になっているときは抑えが効きません。「ついカッとなって」暴力事件などを起こし、警察に逮捕される人間の大半が男性であることを見れば明らかでしょう。

道ばたでお金を拾い、運命の出会いを実現させる心理学

あなたは日常生活の中で遭遇する、思いがけない小さな幸運といわれたらどんなことを想像しますか?

散歩をしていたら道ばたにキラリと光る１００円玉を発見、なんていうのは典型的なパターンですよね。

でも、運（ツキ）というものはどこに転がっているかわかりません。

わかりやすくするために、たとえば道ばたに５００円硬貨が一枚落ちているというシチュエーションを考えてみましょう。

そのお金を拾う可能性がもっとも高いのは、次の３人のうち誰だと思いますか?

A　お金が落ちてないか、道の上をキョロキョロしながら歩いている人。

B　のんびりと景色を楽しみながら散歩している人。

C　悩み事を抱えて、考え事をしながら歩いている人。

当然のことながら答えはAです。

道ばたにお金が落ちていることを期待しながら歩いている人は、金銭的にかなりせっぱ詰まっている人です。生活がかかっているわけですから、Aは目を皿のようにして路上を見ているはずです。当然、彼がお金を見つける確率は他の2人よりも高くなるのは明らかです。（だからと言ってAが運のいい人であるとは言いがたいですが）

Aの次にお金を発見する可能性が高いのはBです。

BもCもお金が落ちていることを期待していませんし、拾いたいとも思っていません。が、それでもBのほうが拾う確率が高いのは、2人の視野の広さの違いにあります。

Bはゆったりとした気持ちで目の前に広がる景色を眺めている。

一方のCは悩み事を抱えています。思いつめた人と言われたらどんな表情の人を思い浮かべますか。おそらく視線はほとんど動かず、自分の足元のあたりをボンヤリと見ているはずです。

これでは、目の前に落ちているお金でも気がつきません。下手をしたらその上をまたいで通り過ぎるかもしれません。

実際、これと似たような実験をワイズマン博士が行っていて、**自分は運が悪いと考えている人と、運がいいと考えている人にそれぞれ道を歩かせて、途中に落ちている5ポンド紙幣に気づくかどうか試してみたところ、やはり運がいいと答えた人のほうがお金を見つける割合が高かったという結果が出ています。**

つまり、自分は運がいいと思い込むことによって、運がいいものに目を向けるようになるわけです。これは前のほうでもチラッと触れましたが、心理学で「カラーバス効果」と呼ばれているもので、青い車を買うと、道ばたの青い車ばかり目に入るようになります。

自分の奥さんが妊娠している男性は、電車に乗ると妊婦さんが増えたように感じる。自分と関連した情報、興味のある情報を無意識のうちに人は集めようとするのです。

だからチャンスや幸せをつかむためには、自分は運がいいと思い込んだほうがいい。それも心から。

自分なんてダメだと思っている人は、無意識のうちに自分のダメな証拠を集め続けてしまうようになってしまいます。

たとえば、初詣のおみくじで大凶を引いてしまったとき、「最悪だ。今年はもうダメかもし

リラックスして観察力を高める

れない」と嘆くのではなく「大凶なんてレアなものを引けた」とか「一番下まで運が下がっていてこの程度なのだから、上がったらすごいことになるぞ」と思える人はポジティブな証拠です。どんどん運がよくなるはずです。

さて、話を先ほどのA、B、Cの3人に話を戻しましょう。

この3人の中で、もっとも落ちているお金に気がつきやすいのはAだと言いました。しかし、彼が貧乏であるということは横に置いておいて、お金を拾えたら運のいい人なのかというとこれはまた別の話です。

なぜなら、彼の目は「お金」にしか向けられていないからです。

その点、Bは世界全体をゆったりとした目で眺めています。当然、路上のお金にも気づくでしょうが、それ以外のこと、たとえばすごく珍しい蝶々を見つけるかもしれないですし、たまたま通りがかった有名投資家に気づいて話しかけたところ、Bが計画している新しいビジネスに投資してもらえることが決まる、などということもあり得ます。

つまり、Bはさまざまな形で訪れる幸運を受け入れる準備ができている、運のいい人だと言えるのです。

第５章

他人から上手に「運」をもらう方法

第三者との出会いこそが幸運の正体

　ある日、いつものように何もする気になれず家でゴロゴロしていたら、あなたのスマホに見知らぬ会社からこんなメールが届きます。

「おめでとうございます！　厳正な抽選の結果、あなたに1000万円の現金が当たりました。このチャンスを逃したくなければ24時間以内に手続きを開始してください」

　本当にこんな話があったら、まさに「棚からボタ餅」の夢のような話です。

　なにもしていないのに、現金1000万円が手に入るのですから、これ以上運のいいことはありません。ところが、すでにおわかりの通り、この手のメールは100パーセント詐欺です。現実にはありえません。

　いまのは極端な例ですが、外出もせず誰とも接触しない、いわゆる引きこもりのような生活を続けていたら、思いがけない幸運が飛び込んで来ることはもちろん、運がよくなることはほとんど期待できません。なぜなら運はあなた以外の第三者が運んでくるものだからです。（ネットで応募した懸賞やクジが当たったりするなどしていれば、偶然の幸運が訪れる可能性はもちろんありますが）

巻に転がっている**「運がよかった」系の話のほぼすべてが、第三者との偶然の出会い**に関するもので、それがその後の人生を変えたとか、窮地を救ったとかいったストーリーに展開していくわけです。

後ほど改めてお話しますが、ワイズマン博士の研究によると、**運がいい人は外向性が高いということがわかっています。この外向性が高い人は、たくさんの人と会うことを好み、仕草や表情、しゃべり方で人を引きつける「磁石のような」タイプで、長期的で安定した人間関係を作るのが得意な人です。**

もちろん、人との出会いがすべて幸運に結びつくかどうかは別の話ですが、多くの人と出会い、その人たちを引きつけることで彼らの心をつかみ、長期にわたってつき合っていればいわゆる「いい話」が舞い込んでくる確率は間違いなく高くなります。

つまり運がよくなるわけです。

ニッチな共通点を見つければ出会いはものにできる

他人とのコミュニケーションを円滑にするひとつのコツとしてよく言われるのが、「初対面の人（あるいはまだそれほど親しくない人）と話すときは、まず互いの共通点を見つけましょう」です。

「類似性の法則」と言って、年齢に始まり、住んでいる場所、出身地、趣味、出身校、家族構成などなど、なにかひとつでも共通点があると相手に対する心理的距離が縮まり親近感がわくのです。中でもその共通点がニッチであればあるほど、話が盛り上がったりすることはあなたにも経験があるのではないでしょうか。


「出身はどちらですか?」

「九州のほうなんですよ」

「へえ、僕も九州ですけど、九州のどちらですか?」

「福岡です」

「えっ、僕も福岡ですよ。市内ですか?」

「八幡、わかりますか」

「当然ですよ、僕も八幡ですから」

「そうなんですか。僕、黒崎なんですよ」

「え、マジですか。高校どこですか?」

「八幡ですけど」

「ええ!?　八幡って八幡高校ですか？　それとも南？　中央？」
「僕は、八幡南です」
「ええ、僕も南っすよ」

これが東京でのことであればまだしも、もしこの会話がアフリカのコンゴかどこかの奥地でたまたまバスの中で居合わせた日本人同士の会話だったら、それこそ奇跡的な出会いとなるわけです。ここまでくると、２人に出身地以外なんの共通点がなくても、意気投合することは目に見えています。

それくらい「共通点がある」ということは、人間どうしの結びつきにとって重要なわけです。が、共通点は元々備わっているものだけでなく、「似た者夫婦」などという言葉があるように、他人同士でも一緒に生活したり、行動する時間が長くなるとだんだんお互い似てくるようになります。

食べ放題のレストラン巡りが趣味の友だちと付き合っていると、自分まで彼（彼女）に似て肥満していきますし、ファッションが趣味でそのセンスもいい友だちなら、それを取り入れたり真似をしたりしていくうちに、化粧から洋服、髪型までその友だちとそっくりになっていくことがよくあります。

行動だとか考え方、ポジティブさは人から人へ伝わります。

アメリカ北部のフラミンガムという地域を何十年にもわたって追跡調査した研究の結果「感染理論」という理論が発表されました。

さっきの例に挙げたように自分の親しい友だちが肥満になると、自分も肥満になる確率が2・71倍に増える。行動などもそうで、友だちがバイトをしだすと自分もするとか、友だちに可愛い彼女ができたら自分も彼女が欲しくなるとか……。

自分が好意を抱いている人、憧れている人が使っている物と同じ物を自分も使いたい。

それは、意識するかしないかに関わらず、その憧れの対象と同化したいという欲求があるからで、有名人と同化したいという心理を巧みに利用しているのがCMなのです。

大金持ちのはずの俳優がテレビCMで颯爽とワンボックスの軽自動車を運転していたり、格安スーツを着てバリバリ働く「デキる」男を演じていたりするのはそういう理由があるからなのです。

それだけではありません。好きだと思っていると、その人の考え方やしぐさ、表情や顔つきまで似てくるようになる。

運のいい人の行動を真似る

だとすれば、運がいい人の思考法であるとか、振る舞いを真似すれば、運もよくなるのではないか――。

そう考えた人がリチャード・ワイズマン博士でした。

彼はまず**運がいい人の思考法や振る舞いを真似る練習プログラムを作りました。**

それを1カ月間、研究のためにボランティアで参加した幸運、不運な人のグループにそのプログラムを実践してもらいました。1カ月後、再び招集した参加者たちに自分にどんなことが起こったかアンケートを取っていったところ、**参加者の80パーセントの人が幸福感や人生の満足感が増えただけでなく「運がよくなった」と答えたのです。**

「いやいや」と頭を横に振る人もいるでしょう。

確かに運がいい人の真似をすれば運がよくなることはわかった。でも、そうは言われても、周りにそこまで運のいい人もいないし、真似をしたくてもそれほど親しくないし、親しくなったとしても、いちいち真似をしていたら気持ち悪がられて、かえって遠ざけられてしまうのではないか――。

確かにその通りかもしれません。しかし安心してください。そういう方のために私はこの本を書いているわけですから。

真似するだけで運がよくなる

「泣くな！　悲しいから泣くんじゃない。泣くから悲しくなるんだ」

テレビのドラマなどで、熱血漢の主人公が、めそめそ泣いている弱虫に対してそんなセリフを吐いているシーンを見たことありませんか。

一見、無茶なことを言っているように聞こえますが、心理学の世界ではこれはひとつの真実として受け止められています。

そのことを最初に提唱したのはウィリアム・ジェームズという心理学者で、「現代心理学の父」とも呼ばれるすごい人です。

私たちは、目の前にいる人の感情や心の状態を読み取ろうとするとき、その相手の表情や仕草に注目します。

ニコニコ（表情）していれば喜んでいる（感情）。

腕組みして（行動）しかめ面（表情）をしていたら不快に思っている。

そんなふうに判断します。

そうやって人の表情や行動を見て相手の気分や感情を察知するのと同じように、人は自分自身の表情を察知して、自分が抱くべき感情を判断しているのではないかとジェームズ博士は考えたわけです。

つまり、それまでの常識だった「楽しい（原因）→笑顔（結果）」を「笑顔（原因）→楽しい（結果）」というふうに感情と表情の因果関係を逆転させたわけです。

それでも納得いかないという人はこう考えてみてはいかがでしょう。

人は楽しいから笑う、笑うからより楽しくなる。

テレビのお笑い番組などをひとりで見ているとき、ギャグがツボにはまって思わず噴き出したりすると、それが自分でもおかしくてさらに笑ってしまうといった経験は誰にでもあるのではないでしょうか。

「幸せになりたければ、すでに幸せであるかのように振る舞えばいいのだ」とジェームズ博士は述べています。

なるほど表情や行動が感情を生み出すというのが本当なら、人はあたかもそれを体験しているかのように行動すれば、どんな感情でも思い通りに作りだせるはずだ。そう考えて1世紀近くも前の原理を「アズイフの法則」と呼ぶことにすると言って世に広めた1人がワイズマン博士でした。

つまり、**運をよくしたければ、アズイフ（まるで）運がいい人のように振る舞うことで、あなたも必ず運がよくなる。**

それがさっき述べた、運がいい人の思考法や振る舞いを真似る練習プログラムにつながっていったというわけです。

話題が豊富な人は出会いを幸運に変える

新しく出会った人と新たなつながりを持とうとするなら、まず共通点を見つけることが大事だということを述べました。ということは、共通点になりそうなことをたくさんもっていればいるほど、より多くの人と新たな親交を結ぶことができる可能性、言い換えれば確率が高まるということに他なりません。

たとえば、全国を飛び回っている営業マンなどは初対面の人でも、その人の出身地を聞くだけで「あのあたりはいいところですよね」

「ご存知なんですか？」

そんな会話から入っていくことができます。

運のいい人は話題が豊富

とはいえ、日本中くまなく歩いている人などめったにいませんし、誕生日も出身地もひとつしかありません。出身校も幼稚園から大学まで全部合わせても10がせいぜいでしょう。

となると、共通点を広げられるのは「興味のあること」や「趣味」の分野となります。

事実、**多趣味と言われる人や好奇心の強い人は基本的に行動的です。つまり運がいい人が多い。ということは、これから趣味を増やして同好会のような集まりに出席したり、旅行などであちこち移動するようにすれば、運がよくなるということです。**

しかし、たくさん趣味を持つにしても経済的にも時間的にも制約があります。そこで私がオススメするのが本を読むこと。読書自体がひとつの趣味ですし、読書することによって実際にそれを体験しなくても様々な分野の知識、雑学が得られる。

そうすれば、たとえ出会った相手がマッチ箱収集家であったり、寄生虫の研究者といった滅多に会わないような人たちや、セパタクローやカバディのようなマイナースポーツの愛好者であっても、最初だけでもいちおう話のとっかかりくらいは作ることができます。

たとえば、いまあなたの目の前にいる人が趣味でハンマー投げをやっている人であれば、「ハンマー投げの高速ターンって、踵《かかと》がポイントだというのは本当なんですか」などと聞いただけで、相手は嬉しくなってあなたに好感を持ってしまうわけです。これも話題がニッチであればニッチなほど効果は絶大です。

さきほどの肥満の話ではありませんが、「試行回数」が多い人とつき合うと自分の試行回数も増えることになります。

たとえばパーティ好きな人であれば、その人に誘われるままにパーティについていくだけで、それまでの何倍もの数の人たちと出会うことになるでしょう。

運がいい人の3つの心理学的特徴とは?

長期間にわたる心理学の研究で、人間の性格はたった5つの特性『ビッグファイブ』で説明できると考えられています。

「協調性」 いわゆる、空気が読めるかどうか。他人に共感したり、困っている人には手を差し伸べる傾向。ひと言でいうと「優しさ」の目安です。

「誠実さ」 自分を律することができるか、意志が強いか、ウソをつかないかどうかの目安。

「外向性」 社交性や積極性。人懐っこさの目安。

「神経症的傾向」 周りからの刺激やストレス耐性、不安や緊張の強さの目安。

「開放性」 新しもの好き度、好奇心の強さや想像力の豊かさを表すときの目安。

以上が5つの特性ですが、先ほど紹介したワイズマン博士が運のいい人と悪い人の性格を、この5つの特性に基づいてそれぞれどんな違いがあるか調査をした結果、面白いことが判明したのです。

その結果、運がいい人と悪い人の間で大きく違いが出たのが、外交性、神経症的傾向、開放性のこの3つだけでした。協調性と誠実さに関しては運のいい人も悪い人も変わりがなかった。

運のいい人の方が協調性があって誠実そうな感じがしますが、じつはそうでもないことがわかったのです。確かに、あんなに協調性があって誠実なのに、なぜか運が悪い人というのはいそうな気がします。

頼まれたら嫌と言えない性格につけこまれて、本当はやりたくない他人の仕事を押し付けられたり、責任感の強さが逆に災いして頑張りすぎて過労で倒れたり（つまりは運が悪い）ということは、協調性があって誠実な人にはいかにも起こりそうなことではないでしょうか。

では、大きな差があった残り3つの性格ですが、中でも印象的だったのは外向性でした。なぜ外向性が高い人のほうが運がよくなるかと言うと、やはり活動量が多いからということになります。

運のいい人は外向的

なるべく多くの人と出会いたい、知り合いたいという欲求が強い人は、当然、パーティなどの人が集まる場所などに出かけるだけでなく、自らがパーティを主催することも多い。

ワイズマン博士はそれを「対人関係の磁石」と表現していますが、読んでなんとなくわかるように、彼らは人を引きつける力だったり、人と人とをつなげる力が強い。身近な例を挙げると、若い男性であれ女性であれ「独身」と聞くと黙っていられない、いわゆる「お見合いの世話焼きオバサン」などはこういうタイプの人が多い。

そうなるとなにが起きるかというと、当然のことながら新たな出会いも増え、新たな人間関係が築くことができる機会が増える。

たくさんの人と出会えば、それだけ自分に好影響を与えてくれる人と会う確率も高くなります。

また、人づき合いを大切にするというのも、外向性が強い人の特徴です。季節ごとの挨拶状やバースデーカードを小まめに送ったりして、常に友人知人との関係をメンテナンスしている。

こうやって自分が築き上げた友人たちとのネットワークを大切にしていると、それが大きな運のネットワークとして広がっていきます。

ある社会学者によると、人間は平均してだいたい300人のファーストネームがすぐに思い出せるメモリーとして頭の中に入っているらしい。

たとえばAという人が、ある集まりでBという人間と知り合う。ということは、Bの背後には300人のファーストネームで呼び合う知り合いがいる。となると、Aはその300人と握手一回分の距離まで近づいたことになるのです。

B「紹介しましょう。Aさん、こちらが私の友人のCさんです」

C「Aさん、どうも初めまして。Cと申します。AさんのことはよくBさんから聞いていますよ」とここで握手。

これが、「握手1回分」の意味です。

３００人の友人知人がいて、その一人ひとりにやはり３００人のファーストネームで呼べる友人知人がいるとしたら、理論上は３００×３００で計９万人が「握手2回分の距離まで近づいたことになるわけです。

すごい人脈よりも身近な人脈を大切にすると運が巡ってくる

「遠くの親戚より近くの他人」という言葉があります。

たとえ血の繋がっている親類でも、遠く離れていればつき合いもなくなり、情も通わなくなるので、イザというときは頼りにならない。それよりも赤の他人でも近くにいる親切な人のほうが力になってくれるという意味ですが、これは「運を作る」という意味においても通用する話です。

ときどき「自分の知り合いに、すごい人（有名人や実力者）と仲がいい人がいる」などと言って自慢している人を見かけますが、私にはそれのどこがすごいのかよくわかりません。

それこそイザというときに、関係的にそんなに離れているその「すごい人」が力を貸してくれるとはとても思えないからです。

「遠くのすごい人より、身近な普通の人を大切にしよう」

それが、私がここで言いたいことの要諦です。

人間の相関図で見れば「A―B―C」というつながりがあったとしても、AとBが仲良くなければAからCにたどり着くことはできません。

そういうとき、いきなりAがBの頭越しに直接Cにアプローチをかけて、それを知ったBが腹を立てて、AとBの関係がさらに悪化するということはよくある話で、不運を招く典型的なパターンです。

いくら見かけのつながりがあっても、そのつながりを大切にしていなければ、決して本物のつながりにはなりません。

ある調査によると、世界最貧国のひとつとされるバングラデシュは、経済的にはもちろん豊かではありませんが、人間同士の横のつながりが強く団結しているので、先進国と呼ばれる国の国民よりも幸福を感じている度合いが高いことが報告されています。

ある一人の人間の知り合いの知り合い、そのまた知り合いの知り合い……というふうに人のつながりを芋づる式にたどっていくと、想像よりずっと少ない人数を介しただけで世界中の誰にでもたどり着くという仮説があり、それは「スモールワールド現象」と呼ばれています。

そのスモールワールドを証明するひとつに社会心理学者のミルグラムという人が立てた「6次の隔たり」があります。これはいまの芋づる式のように「自分の知り合いの知り合いと伝手《つて》をたどっていけば6人を介するだけで世界中の人々と間接的な知り合いになることができる」という理論です。

6次とはいかないまでも、身近な人を大事にしていれば、人はその向こう側にいる人ともつながっていけて、その人たちが味方になっていく。そうやって自分の周りを大事にすれば2段目までは行けます。そこからさらに自分の周囲の人間を大切にする人たちを周りに集めていけばそこからさらに3段目までいく。

誰かに親切にすれば、その人もまた別の人に親切にする。そしてその親切を受けた人がさらに別の人に親切にしてくことを「親切の輪」が広がるなどと言いますが、まさにそんな感じです。

自分の直接の友だち、そしてその友だちの友だちを大事にしていく。

そうしていくうちに、たとえばあなたがなにか助けを必要としたとき、その助けを求める声は広がりやすくなるし、実際に助けようという人も出てくる可能性も高くなる。

こういうことを始めたんだよ、とあなたが発信すれば、自分はそれをやっている人を知っているから紹介するよというふうに横に広がっていくわけです。

人間関係における試行回数を上げる、有力な方法だと思います。

得意なことで、他人に貢献する

人に尽くすのであれば自分の得意な分野で尽くすのがベストな方法です。人のためにすることと自分を磨くための努力と両方いると思うので、人に尽くすのであれば自分の得意なジャンル、得意な知識を使ってローコストで行うことが大事でしょう。
私だったら力仕事で尽くすよりは知識を提供するという形で尽くした方がいいですし、料理が得意だったら料理で尽くす。自転車にめちゃくちゃ詳しいと言うことであれば色々と教えてあげる事でもいいと思います。

何でもいいから
強く信じるものを見つける

「もってる人」はこれを強く信じる

プロゴルフ、サッカー、野球……いわゆるここぞという正念場で超人的な力を発揮するスーパースターと呼ばれる人たち。タイガー・ウッズ、イチロー、メッシ、クリスティアーノ・ロナウド……名前を挙げていったらキリがありませんが、いわゆる「スーパースター」と呼ばれる人がよく「もっている」と言われるのはなぜなのでしょうか。

たとえばＮＢＡのバスケットボールリーグの選手を調べた実験など面白くて、いわゆるスター選手と、そうではない選手の違いを調べると、実は違いはひとつしかないということがわかりました。

それはなにかというと、**彼らがなにかを強烈に信じているかそうでないかという結論に落ち着くのです。だからトップのスター選手というのは、宗教にズッポリとはまった信仰心の厚い人か、強烈なエゴの持ち主かのどちらかなのです。**言い換えれば、神を強く信じるか自分を強く信じている人が成功しているということです。

そういう人たちはやはりパフォーマンスが並外れて高い。

自分は運がいいと思っている人たちも同じです。自分の運のよさを心の底から信じ切っているわけですから。そういう意味では彼らも「もっている」わけです。

そうすると最大限の力が発揮できる。確率を上げることはないけれども、自分がもてる最大の能力を引き出してくれる。ときにはそれ以上のまさに「神がかった」プレーを見せてくれるのもスーパースターならではの特徴です。

ゴルフのパットで、普段であればなんでもなく成功させることができるわずか1メートル足らずの距離を、優勝や莫大《ばくだい》な額の賞金がかかっていると意識したとたん外してしまう。

あるいは野球で言えば九回裏ツーアウト、最後のバッターが放ったボテボテのゴロを捕球した内野手が一塁に送球するときに暴投してしまったりするシーンをあなたも見たことがあると思いますが、あれはおそらく普段無意識でやっているところに、意識が入り込んで身体の動きを制限したり、阻害してしまうことによって起こる現象です。

普段、なにも意識することなく上り下りしている階段なのに、急に意識が入り込んできて「あれ、次どっちの足出すんだっけ?」となり、思わずつまずきかけたという経験があるのではないでしょうか。

そのような雑念を強烈になにかを信じることによって、遮断する。それがいわゆる「ゾーン」に入っている状態なのではないかと思われます。

第6章

ネガティブな人ほど
幸運のチャンスがある

多少はネガティブな方が長生きする

どうも運が悪いのは、自分のこのネガティブな性格のせいではないか――。

そう思っているあなたは、実はある意味で「運がいい人」だと言えます。

その理由のひとつは、多少ネガティブな方が、自分の性格を客観視できるからです。

本当に運が悪い人は、運が悪い原因を自分以外の第三者や環境のせいにしようとします。

自分自身の行動を振り返って反省することができない。だから、ますます運が悪くなる負のスパイラルに陥ってしまいます。


その点、自分がネガティブな性格であると自覚しているということは、自分自身に原因のひとつがあることがわかっている。

そこだけでも無自覚な人とは大きな差があるということです。

ネガティブな人が、運がいいという2つ目の理由は、その想像力にあります。

どんなことでも「なんとかなるさ」のノーテンキな人は、将来のことであれこれ悩みません。

これは見方を換えれば想像力がないということです。いざ想定外のことが起こったときに緻密な対応ができず、どうしていいかわからなくなって、やるべきことを途中で放り投げてしまうことがある。

一方、ネガティブな人は、失敗して人から責められることを恐れるので、そうならないように最悪の事態を想像して準備することができます。

ですから、たとえなにかミスを犯したとしても、次から同じ失敗を繰り返さないよう対策を立てることができるのです。

つまりネガティブな人は、「次、頑張ればいいや」という無反省な人に比べて、失敗から学んで成長できる可能性が高いのです。

ところが、〝運の悪い〟〝本物〟のネガティブな人は、最悪の状況を受け入れることができず、そこから目をそらしてしまう。見なかったことにしてしまいます。

だからイザというときになると、事態は悪化してそれを周りから攻められることで、ますます自分の運の悪さを呪うようになるのです。

さらにネガティブな人は人間関係の機微に敏感であるという利点があります。

たとえば、自分の周りにいつもより落ち込んでいる人がいたら、敏感に察知することができます。

多少ネガティブな人の方がいい

ポジティブな人であれば「どうした、元気ないな。元気出せよ」のひと言で終わるところを、「なにかあった?」と思いやることができる。

あるいは、自分の人間関係においても空気を読むことに長けているので、なにか問題があったときはあれこれとその原因を深く考え、それに対処することができます。

ネガティブであることのさらなるメリットは、その注意力にあります。

自分の身体の小さな不調にもすぐに気づき、心配でたまらなくなって病院に駆け込むので、病状が進む前に治療を受けることができ、結果、健康でいられる可能性が高くなります。

完全にポジティブな人は、多少の不調を感じても「たいしたことはない」と考えて、そのまま放置しておき、気がついたらかなり病状が進行していたというケースも少なくないようです。

実際、**ドイツの大学の研究チームが4万人を対象に調査したところ、将来を非常に楽観視していた、つまりポジティブな人たちは、他の人たちと比べて死亡するリスクが10パーセントも高かったという結果が出ています。**

多少ネガティブな人のほうが長生きする、それだけでも相当運がいいことだと思いませんか。

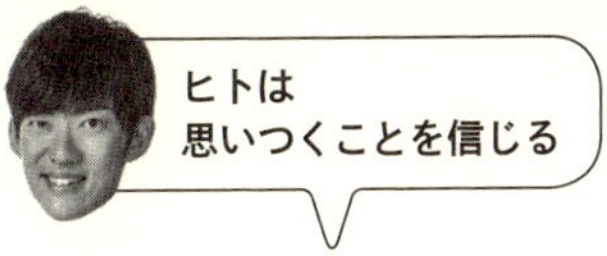

ネガティブ思考になりやすいのはなぜなのか

たとえばこれからなにかをやろうというときに、成功した場合よりも失敗するときの方がビジョンとしてありありと目に浮かぶことはありませんか。

ある女流作家がエッセイの中で、自分は本当に飛行機が苦手で、乗るたびに自分が乗った飛行機が墜落するさまがまるで映画でも見ているかのようなリアルさで頭の中に浮かぶので、ますます怖くなるというようなことを書いていました。

これを**情報アベイラビリティ（入手のしやすさ）というのですが、人間は複雑な事象よりも簡単に思いつくことの方を信じてしまう性質があるのです。**

ですから飛行機が墜落して死ぬ確率と、たとえばお酒を飲みすぎて身体を壊して死ぬ確率とどっちが高いかと言ったら、お酒で命を落とす確率のほうがはるかに高い。

それでも、お酒は平気で飲むくせに飛行機に乗るのを恐がる。それは頭に思い浮かべやすいこと、思い出すのが容易なほうを信じてしまうからなのです。

その思い出すこととはなにかというと、常に自分が考えていることや自分の信念だったりするので、やっぱり常日頃から運が悪いと自分で思っている人は、よくないほうへイメージが引っ張られてしまうわけです。

ですから、なにかするときにどうしても失敗するイメージばかりが浮かんでくるというときは、そこからいったん離れて、過去に運よくなにかで成功したときの、自分が嬉しいと感じたときのイメージを再現するとよいでしょう。

不運を乗り越えたいなら、自分の可能性を絞らないこと

「人生はその人が真っ当にさえ生きていれば、きちんとした秩序があってあまり不条理なことは起こらない」

そう考える人がいたら、その人は相当な理想主義者か錯覚している人かのどちらかです。どんなに綿密な人生計画など立てても、それがすべて実現することなどあり得ません。

よく「一寸先は闇」などと言いますが、「一寸先は光」とも言えます。

人生はカオスです。予想できないから面白い。そう考えないとやっていられません。

予想不能な運命の女神の気まぐれや、でたらめさ加減が人間を怒らせたり、いらつかせたりするわけですが、その気まぐれにいちいち腹を立てる人が本書でいう「運の悪い人」なのです。

運のいい人は、不条理なできごとに対してもそれを事実として受け止めて、「これが人生だ」

と言いながらなんとか対処しようと考える。

　そこが運のいい人と悪い人のひとつの大きな違いだと思います。

　私は○○プロダクションとか○○エージェンシーといったいわゆる芸能事務所に所属していません。それには理由があります。

　もちろん、タレントとして成功しようと思ったら、それなりのマネジメントをしてくれる芸能事務所に入ったほうが、試行回数が増えて成功する確率は高くなる。

　でも私はタレント活動以外にも、いろんなことをやりたかった。それに将来的にずっとテレビに出続けていたいという気持ちもありませんでした。

　そういう意味で言うと、事務所に入ればテレビ業界の中では試行回数が増えるものの、別の業界で活躍することを考えた場合は試行回数が減る。

　つまり多様性が減ってしまう。そこが私にとって引っ掛かるところだったのです。

　テレビに出演するようになり、そこでパフォーマンスをそのまま続けていくこともできたのですが、そうなると、もしテレビ局の気まぐれで、キャスティングのオファーが来なくなったらそれでおしまいになってしまいます。

　イベント会社系のディナーショーでという話もあったけど、テレビに出なくなったらそこで

終わりです。

卵はひとつのカゴに入れるなという格言があるように、一点張りは危険です。

最初に書いたように、人生は無秩序です。なにか予期せぬことが起きたときのためにも可能な限り、選択肢は残しておいたほうがいい。

このままでは先の見通せない、すごく確率に頼った（つまり運だのみの）戦略ではないかと考え、ビジネスを多角化したり企業の顧問などをするなりして、移ろいやすい「人気」ではなく、実績さえ出し続ければ継続が可能な仕事へと移行していった。つまり、自分から確率の部分を捨てて、運任せにしなかったのです。

そうやって自分でコントロールできることとできないことを明確にして、できないことはとっとと受け入れてしまうこと。あきらめてしまうことが大切です。

お前になにがわかるんだと言われてしまえばそれまでですが、生まれついた家庭環境だとか、障害などいくら嘆いてみてもどうしようもない。

それを受け入れて逆に強みにすることだってできる。

いわゆる良家に生まれたから人生がよくなるかというと怪しいところがあって、たとえばソフトバンクの社長の孫正義さんなどは決して良家と呼べるような環境の下には生まれていない。

だからこそそれを「絶対に稼いでやろう」というモチベーションにしたわけで、**一概に生まれた時のスタートポイントによって、その後がすべて決まってしまうわけではないはずです。**

そのスタートポイントをその後の人生にどう生かすか。

それこそが大事なことで、それがポジティブに生きるということではないかと思います。

最高のタイミングをつかむために必要な「降りる」技術

以前、ちょっと変わったテレビ番組の収録に行ったことがあります。

ポーカーの日本チャンピオンとポーカーで対戦するという企画です。

ポーカーは互いの心の中を読み合う心理戦であることはよく知られています。ならば、人の心理を読むことができるメンタリストなら勝てるのではないか、というわけで私に声がかかったわけです。

ゲームはテキサスホールデムという、自分の手に2枚、共通カードとして場に表を向けて並べられた5枚のカードを組み合わせ、より強い手を作ったほうが勝ちというのがルールです。

(たとえば自分の手がA(エース)とK(キング)のとき、共通カードが4、6、A、10、K

と出てくれば、あなたはAとKのツーペアとなる。しかし相手に配られた手が10と10であれば、さらにそこに共通カードの10を使って10のスリーカードができるので、ツーペア対スリーカードではスリーカードのほうが強いので、相手の勝ちとなるわけです。もちろん、手が弱くても強いふりをして、相手にゲームを降ろさせる、いわゆるブラフ（ハッタリ）をかまして勝つことも可能です）

いまはこうしてルールの説明をしていますが、そのときは番組が始まるまでテキサスホールデムのルールを知らず、横でゲームのやり方を聞きながらやったのでまったく勝つことができず、最初に配られた5000ポイントが30分で半分近くにまで減ってしまいました。

自分で言うのもなんですが、私はけっこう飲み込みが早いほうなので、徐々にやり方がわかると戦略も立てられるようになり、その後盛り返して日本チャンピオンをかなりのところまで追い詰めることができました。が、やはりチャンピオンはまずい状態になっても最後の最後はやっぱり強くて再び盛り返してきた。

収録の時間は限られており、どちらかのチップがなくならないと終わらないというルールだったので、最後はオールイン（手持ちのチップを全部賭けること）してくださいという指示が出て、けっきょく私はそのオールインで負けたのですが、そのときわかったのが、このゲームは「降りるゲーム」なのだということでした。

勝つためには、この手では勝てないなと思ったら、的確かつ確実に降りることが要求されるのです。その上で観察力を高めながらチャンスを待つこと。

このときのポーカーの場合はミニマムのベット（最低掛け金）があって、それを払い続けながら負けるときはさっと引いてロスを最小限に抑えながら、強い手札を手にしてチャンスが来るのを淡々と待つ。

そのとき、私はこれはおそらく「運」でも同じことが言えるのではないかと思いました。なにかあることをやろうと思い立って、イチかバチかやってみる。それで、実際にやってみてそれが失敗に終わったとき、人は二通りの反応を示します。

ひとつは「自分にはやはり運がないんだ」とあきらめる。もうひとつはポーカーと同じでその場に留まって少しずつでも賭け続ける。別の言い方をすると降り続ける。そうやって虎視眈々とチャンスを待ち続けるんです。

ですから、ポーカーというのはある種の我慢ゲームだなと思いました。

そのことがわかったときから、一気に盛り返すことができた。

別室でゲームの様子を見ていたスタッフの人たちは、私がルールを知らず、あんまり簡単に負けてしまうので、これはまずいなと青くなっていたそうですが、いつの間にか互角に戦えるようになったのを見て驚いたと言っていました。

いま言ったように飲み込みが早いことも幸いしたのですが、ポーカーは実際の人生と違って、なにしろ回数をこなすことが出来る。**何度失敗しても次があります。試行回数が多ければ多いほど、学習することができる。そうやって何回もチャレンジしていくうちに「あ、これだな」と**
その要諦がわかるようになる。そのときに、私は「運を高める」というのはこういうことなのだなと思ったわけです。

いまも言いましたが、これがビジネスや人生のレベルになると、なかなか試行の回転数を上げることはできません。

「成功するまであきらめなければ、失敗ではない」などと言ったりするし、確かにそういう面もあるのですが、実際のビジネスではその前に資金が尽きたりしてしまいます。

ポーカーの場合は最初に配られた2枚の手札を見て、「もうこれは絶対ダメ」か「ちょっといってもいい」か「これは勝負にいくべき」という3つの戦略パターンのどれを選択すればいいかというのが大体わかるようになっていきます。

「降りる」「様子見する」「勝負する」その判断をして、次に配られるカードを見て、そこでダメだと思ったら「フォールド」と言ってさっさと降参してゲームから降りて、次に希望をつなぐ。そうやってしのいでいるうちに、いい手が回ってくる。

そうやって何度も続けていくうちに、自分のパターンというものが見えてきて、チャンスをつかむための運を手に入れる。それと同時に対戦相手を観察することによって、さっき言ったブラフ、ハッタリのかましかたがわかるようになるのです。

たとえば手堅く慎重な賭け方をずっとしてた私が、急にそのやり方を変えて大胆な勝負に出たら、相手は私がなにかすごい手をもっているのではないかと勘ぐってきます。そうなるとこっちのもので、相手より弱い手札で勝つこともできるようになるのです。

確率的な運を高めるには自分を知って、回転数を上げる。つまり試行回数を増やす。それが大切なのだということをこのテキサスホールデムというポーカーを通して知りました。

寝る前の3行日記で幸せになれる

ポジティブ心理学という理論の中に「幸福順応」という言葉が出てきます。

人間は幸せを手に入れても、すぐにその環境になれてしまい、それが当たり前になってしまうということです。

電気もガスも水道もない人里離れた山奥での生活から都会に戻ってきた人が、まず気づくの

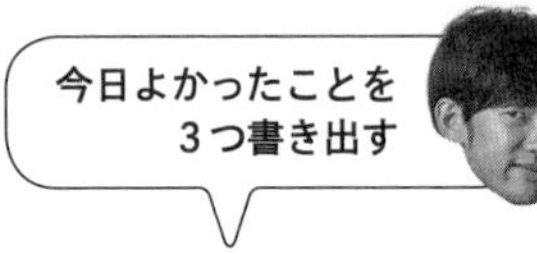

が自分たちがそれまでいかに恵まれた生活をしていたのかということだと言います。あるいは大病をして長い入院生活を味わった人は、健康であることの幸せをあらためて噛みしめたりするわけです。でも、しばらくするとそんな気持ちもだんだん薄れてゆき、日々の生活に埋没して自分が幸せであることを忘れていく。

そういった**幸せへの慣れを食い止めようというのが「スリーグッドシングス」という方法です。一日の終わりに、たとえばベッドに入る前に、その日よかったと思うことを3つ挙げて書きだしていく。**それだけのことなのですが、そうすることで自分がいかに幸せであるか再確認できる。それだけだと飽きるという人は、今日3つ、明日3つと「グッドシングス」をメモしてゆき、それが1週間分たまったら、今週のベストデイ、つまり一番ラッキーだった日を決める。そして、次は1カ月後にベストウィークと、月間ベストデイを選出して、「ひとり幸せトーナメント」を開催するのです。

そうやって一定期間メモを取っていくうちに、「○曜日にけっこういいことが起きてるな」とか、「○○さんといるときはラッキーなことが多いな」といったことに気づくようになる。そうやって幸せを毎日確認していくうちに、明日はどんないいことがあるだろうと、期待するようになっていくわけです。

期待しながら待つ明日と、なにも期待しない明日では、その翌日にどちらがより幸せを実感できるかといったら前者ですよね。

そうやって自分で自分に起きたラッキーを文章にして確認し、自分はラッキーだと声に出して言うようにしていると、あなたの脳は自動的にラッキーを探すようになっていきます。

なんだか「おまじない」のように聞こえるかもしれませんが、ちゃんと心理学の実験で確認されている事実ですから、疑いをもたずにぜひやってみてください。

一カ月、いや、一週間後にはなにかが変わっているはずです。

ツイている！と思い込めば、美女と出会える

先日、スポーツジムに出かける途中ですごくラッキーなことがありました。

ハッとするくらいの美人と地下鉄の階段ですれ違ったのです。

以前、ネットでたまたま見つけたものすごく綺麗なラトビア人の女の子と、本人かというくらいよく似ていて、「いつかラトビアに行ってこういう女の子に会ってみたいなぁ」と思っていただけに感激もひとしおでした。

なんて今日は運がいいんだろうと、かなりハッピーな気分になりました。

ツイていると見ることもできます

以前読んだ本の中に、美人に生まれた女性は、そうでない女性より生涯で2億円ぶんくらい得をするというようなことが書いてあって、そういう女性というのは、自分だけでなく他人にまでそのおすそ分けをするのだなあと思った次第です。

でも、たぶん彼女とすれ違ったあの瞬間も、もしなにか悩みごとを抱えて考え込んでいたら彼女とすれ違っていても気づかなかった。そんな気がします。

そうやって自分の運がいいことを認識していると、さらに運がいいことが続きます。

「今日もまたなにかいいことがあるかもしれない……」

昨日、あんな美女に出会えたのだから、きっとまたいいことがあるぞという、正のスパイラルが起きる。

運がいい人というのは、ふとしたときに「今日はなんだかツイてるんだよね」といったような意味のことを言うことが多い。しかもその口調は、自分に言い聞かせるようにではなく、あくまでも自然です。

自分が「ツイている」と思って世界を見渡すと、目に映るすべてのことがツイてるように感じてしまうわけです。

「九死に一生」という感じで、大きな事故や病気から生還した人が見るこの世界は、普通の凡人が見ている世界より輝いて見えると言いますが、それと同じだと思います。

物理的にはなにも変わりはなくても、世界が輝いて見える人と、そうでない人、どちらが運がいいかと言ったら、輝いて見える人ですよね。

運は気持ちの持ち方で変わるというのは、そういった理由もあるのです。

予定に空きを作っておくと予想外のチャンスが飛び込む

私が日課としていつもやっていることは、その日に自分がやりたいこと（たとえば最近であればニコ生、企業のコンサル、本の執筆といった自分の生活の基盤に関すること。それ以外で言えば勉強と趣味）の中から3つ4つ書き出しておいて、その日の終わりにそれらの活動を前進させるために今日一日、自分がどんな新しいことをしたかを簡単にメモに残していくということをやっています。

いまの例で挙げたニコ生（ニコニコ生放送の略語。ライブストリーミングを用いた動画配信サービス）であれば、それまで続けていた心理学の話がマンネリ化する懸念が出てきたので、次に新しいテーマを探すという課題を自分に出す。そこで、今度はマンガネタをやることを思いつき、たとえば『バクマン。』などのマンガをビジネスと心理学的な側面から見て解説していくという企画を考えるわけです。それが私の言う「前進」です。

本の執筆に関しては発売日が決まったので、リチャード・ワイズマンの論文をもう一度読み直すという展開があった。読書で言えば最近届いたポジティブサイコロジーの新刊に目を通そう。今日はジムに行って体重を測ったら、筋肉がついて体重が○キロ増えていた（私にとっては嬉しいことなのです）といったように、自分が前進したことを記録していくわけです。

世の中には「タスク管理」とか「時間管理」とか「スケジュール管理」といった管理することを目的とした手帳などがいろいろ出ていますが、管理だけではこっちのモチベーションを上げることはできません。

仕事中毒の人なら嬉しいのかもしれませんが、目の前にびっしりと書き込まれたスケジュールを眺めているとため息が出ます。やるべきことは提示してくれるけど、やるべきことが提示されただけでモチベーションが上がる人はそうはいないはずです。

管理することよりも、モチベーションのほうがよほど大切だと私は思います。

ウィルパワー（Willpower：日本語に訳すと「意志力」ですが、「やる気」と考えればわかりやすいかもしれません）が落ちて、いまひとつやる気が出ない。そういうときは、将来のことではなく、過去を振り返って見るのです。

「これ、先週やってうまくいったな」とか、「昨日はこんなこと頑張ってよかったな」とか。「このときは大変だったけど、こうやって乗り越えたんだな」とか、そうやって自分がやり遂げたことの成果を改めて確認して、自分自身をほめてやる。そうすると、それが自信になってまたやる気が湧いてくるわけです。

私がそのメモ以外で自分に課しているノルマは1日に2つだけです。

ブログを1日に2本書いて、ツイッターを1日2回、2日分つぶやく。それだけです。

ブログもシンプルで、心理学の豆知識のようなものをつぶやくコーナーと、メルマガへの導入をして終わり。

シンプルにしないと続きません。ニコ生も本を読んで面白かったトピックをメモしておいて、それで10個テーマがたまったら1回分放送できる。毎日そうやってシンプルにやっていれば勝手にうまくいくようになります。

最初から大きな目標を立てて達成しようとしても、そこにたどり着くまでの筋道は容易にはわかりません。そこで悩んでいても前進できないので、とりあえずちょっとずつでもなにかやろうと思って続けていくうちにそれが最適化されていく。

ブログとツイッターを1日に2本と決めたのにも理由があって、私はけっこう適当なのでときどき書かなかったりすることがあります。

そうするともし、1日に1本しか書いてなかった場合、更新が途切れてやる気がなくなってしまいます。しかし1日に2本書くことを1週間続けることができたら、翌週の1週間はサボっていられます。そうやって前倒しでやって貯金しておくと途切れることがなくなるのでモチベーションも下がることはなくなるのです。

物事には細かく決めたほうがいいことと悪いことがあります。

1日に2本のブログを書く程度であればいいのですが、あまり事細かに決めているうちに頭の中でできたつもりになって、いざというときに新鮮さがなくなってしまうからです。

過去の不運ではなく、未来の幸運を盛って話す

「自分は昔から運が悪い。だからこれからも運がよくなるとは思えない」

という人がいます。過去の出来事というのは、言葉にすればするほど記憶として定着していきます。

過去の暗い話をまるで自慢話のようにする人がときどきいますが、あれはやめておいたほうがいいと思います。

逆に、うれしかったことの話や感動した話、自分がうまくなにかをなし遂げたときの話ばか

りしているとそれが強化されて、自分は運がいいと思うようになり幸福度も上がります。（ただし、相手を選ばないと自慢と手柄話しかしないイタイ人と思われるので気をつけてください）

有名人やタレントなど、よくインタビューに登場する人は、最初は大したことないなと本心で思っていても、自分語りをしているうちにだんだん自分が本当にビッグな人間なのだと思い込むようになり、自分に自信をつけることができます。

自分の想い通りに強固にしていくことができる。これはたとえば孫正義さんなんかがよくやる方法です。株主総会の時にそんな大きな目標立てて大丈夫なのかと思うようなことでも本当に達成させてしまう。自分の目標を人の前で公言するということはいいことだと思います。言ってしまったからには実現しないと、という感覚になっていく。

運のよし悪しは朝の2時間で決まる

あなたは毎朝、起きてからの2時間をどう過ごしていますか。

アメリカの作家のマーク・トウェインが面白い格言を残しています。

「朝一番に生きたままのカエルを食べてしまえば、その日はそれ以上大変なことはないと思って安心して過ごせる」

もちろん、この場合の生きたカエルというのは、本物のカエルのことではありません。誰でも生きたカエルなんか食べたくないに決まっています。要するに、朝のうちに一番大変な仕事を片付けてしまえば、あとは余裕をもって仕事できるよという意味です。

自分の話をすると、私は一日の中で朝の時間を一番大切にしています。特にベッドを出てからの2時間は私にとっての「ゴールデンタイム」です。

なぜかというとウィルパワーという観点から見ると朝起きて目が覚めた後というのは人間の自制心がいちばん強い時間帯なのです。

だから**一番ハードなことや一番重要な仕事は、朝、目が覚めてから2時間以内に終わらせると効率的に進められる。**

ハードな仕事というのは、夜はできません。なぜならウィルパワーが日中に消耗してしまっているからです。ロールプレイングゲーム風に言うと、朝は100パーセントあったパワーが、夜は20とか30に落ちている。スマホの電池みたいなものです。

そうなると、自制心も落ちて集中力もなくなります。ですから、自分の能力を最大限に発揮して取り組まなければならない難易度の高い仕事というのは午前中にやってしまって、ただ手間がかかって面倒くさいだけの価値のない仕事は、同じカエルだとしても朝から取りかかることはあまりオススメしません。

だから私がアドバイザーとして入っている会社には、始業前の朝礼は廃止にしたほうがいいと言っています。

社員の生産性と能力が一番高いその時間を朝礼なんかに使うのはあまりにももったいないと思うからです。

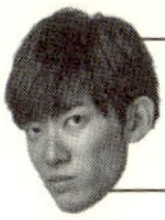

朝の2時間を大切に使う

一日の労働時間が8時間だとすると、最初の2時間と最後の2時間では価値が全然違います。だから瑣末《さまつ》な仕事は後にして、重要な仕事にだけ回してやらないとならない。

という事は「職住接近」つまり家と職場が近い人のほうが有利ということになります。

満員電車に揺られながら1時間以上もかけて出社する間に、社員のウィルパワーはどんどん落ちていきます。その辺のことがわかっているのか、最近は会社から、たとえば4キロ以内であるとか、電車の駅3駅以内に住んでいる社員には手当を出す会社があると聞きます。

会社としても社員たちの生産性が高いうちに早く会社に来てもらったほうが得です。


繰り返しますが、朝起きてからの2時間はネットでニュースのチェックなどしている場合ではありません。だから私は午前中は自分自身に対してネット禁止というルールを課しています。

パソコンすら開かず、たとえ自分でやっているブログやニコニコ動画で配信するネタを考えるときでも、パソコンを開くのはお昼を過ぎてからです。

目が覚めた瞬間浮かんだアイデアをすぐメモしたり記録するというのは運を良くするひとつの秘訣だと思います。アイデアを出せる人って「よしいまから一時間でアイデアを出そう」というふうにアイデアを出しているわけではなく、日々思いついたことを書いているので出てくるアイデアの数がぜんぜん違うわけです。

アイデアが増えれば増えるほど、仕事に結びつく可能性が高くなります。そうすれば仕事も自然とスムーズに進むようになります。

これが昇進やより良いキャリアに結びつく。つまりは運がよくなるというわけです。

第７章

最悪の事態からでも運はよくなる！

最速で失敗すれば、ゆくゆくは成功に変えられる

あなたはなにか思い立ったとき、即実行に移すロケットスターターでしょうか。それとも、先のことをじっくり考えてから腰を上げるスロースターターですか。

仕事にせよ、キャリアにせよ、チャンスはどこに落ちているかわかりません。

現代は即断即決の時代です。企業にも人にも、スピードが求められている。せっかく目の前に巡ってきたチャンスを腕組みして、「さて、どうしたものか」などと考えていたら、さっさと他の人間に持って行かれてしまいます。

とにかく思いついたことをすぐ実行する。

成功している運がよい人というのは、すぐに動ける仕組みを作っている人です。

これは特に科学的な根拠がある数字ではありませんが「やろうかな」と思ってから72時間以内に取りかからないと、けっきょくやらなくなってしまうのだと言っている人がいますが、私は24時間以内と考えています。

思いついた日の夜、寝る前に最初の一手を打っておかないと、大体やる気がなくなってしまう。

たとえば、その日得た知識は寝るまでに復習しないと抜けていってしまいます。

やる気にも賞味期限というものがあって、それをうまく使っていかないとなにもできなくなってしまうことになります。

ですから「急がば回れ」は、少なくともビジネスにはもう通用しない古い常識です。アバウトでもいいから早くやるのと、ある程度の時間をかけて慎重にやるのとどっちがいいかと言ったら、絶対に「アバウトでも早く」が正解です。

なぜなら、早くやったほうが、早く答えも返ってくるし、それへの対処も早くできるからです。**人間の「悩み」や「迷い」というのは、情報不足の状態で早い決断を迫られているときに生じます。**まだ知り合って間もない超イケメンに、いきなり結婚を申し込まれ、すぐに返事が欲しいと迫られているときの女性の心境を想像していただければわかるでしょう。

冗談はさておき、話を先に進めます。

たとえばなにか新しい製品を生み出そうというとき、最初から完璧なモノを作ろうとしたら事前に相当な情報を集める必要があります。ところが初期の段階ではそんなことは無理だから「とりあえず」でいいから作ってみる。

そうやって試行錯誤を重ねながら作っていくうちに、いろんな事を学び、知らなかったことを知り、それが情報として蓄積されていく。

そして開発の最終段階に入ったときには、最適な情報はもうすべて集まっているから圧倒的に高性能のものや素晴らしいものが作れるわけです。

自分自身のことをお話すると、いままでの私はなにか新しく事を起こすときは、それまでに全部準備を済ませておきたいタイプでした。だから実際に行動を起こすまでにけっこう時間がかかっていた。

見てくださった方もいらっしゃると思いますが、以前、テレビ番組でイギリスのオックスフォードを訪れるというのをやらせていただいたのですが、その仕事のオファーを受けたときに思いました。

昔の自分だったら(ロケで外国に行くなら、英語がちゃんとしゃべれるようになってからじゃないと、カメラも回っていることだし、恥かきたくないから嫌だな)とイギリス行きをためらっていたかもしれない。

ところが、そのときはもう既にかつての私の臆病さは消えていて、「まあ、行ったら行ったで、しゃべれるようになるだろう」という楽観的な気持ちで行ってしまいました。

最初の1日だけは、あまり言葉が出てこなかったのですが、しゃべっているうちにだんだんと脳が英語仕様へと切り替わっていって、2日目以降はほとんど不自由なくしゃべれている自分に気づいて、改めて認識したのが「とりあえず飛び込んでみないとわからないことがたくさんある」ということでした。

試行回数の話で言えば、もし1回しか弾が撃てないのであれば、事前によく考えてから慎重に事を進めていかなければならないのでしょうが、人間の一生は時間こそ限られていても撃つ弾の数に制限はないわけですから、とにかくたくさんのことにトライすればいい。

最速で失敗する

私の好きな言葉に「失敗するなら最速で失敗したほうがいい」というのがあります。

最速の失敗には、成功が待っているからです。

最速の失敗であれば、リカバリーする時間も十分にあるし、その失敗からいろんなことが学べるから、それを活かしてまたチャレンジができる。

遅い失敗は最悪です。取り返しがつきません。

やるならとっととやってしまった方がいい。

たとえば女の人を口説くにしても、どうせ振られるのであれば、すぐに振られたほうがいいと思いませんか。

その方が気持ちを切り替えて次の女の子に行けるし、振られるまでにデートに要したお金と時間も無駄になりません。

さんざん絞りとられてから振られるよりもよっぽどマシというものです。

まあ、いまのは冗談としても、繰り返しになりますが、いまの時代はとにかくスピードが重要です。時代の変化が速くなればなるほど、精度よりもスピードが要求される。

ネット企業などはまさにその典型でしょう。

少しくらい稚拙でも未完成でもいいから、とにかく一刻も早くサービスのリリースを開始して、後から改善をしていくわけです。

Amazon や Yahoo! の例を挙げるまでもなく、他社より先んじていたということが、ネット企業では一番のアドバンテージですから。

なぜならネットの検索ひとつ取っても、やはり上位に来るので人の目に留まりやすいわけです。レイトカマー、後発組がそういった企業を抜こうと思ったら、オリジナルの倍ぐらいの能力がないと抜けません。だから、スピードが大事なのです。

「思い立ったが吉日」という格言もあります。

スタートは早くすればするほど「吉」つまりは運がよくなるのです。

不運が起きたら、最悪のケースだった場合を考える

私はゴルフをしています。もちろん趣味の範囲でやっているのでまだ偉そうなことは言えませんが、徐々にではありますが着実に上達はしつつある。そう感じています。

なぜここでゴルフの話を持ちだしたかというと、ゴルフが人の一生と同じくらい「運」に左右されるスポーツ（競技）と言われているからです。（なにしろゴルフには「ゴルフ運」のみならず「ゴルフ占い」などという言葉があるくらいですから）

他の競技で後ろに「運」がつく競技はありません。卓球運とかダーツ運、スキー運、テニス運……聞いたことないですよね。

それくらいゴルフは「運」と強く結び付けられているスポーツと考えられているのです。ゴルフは雨や風などの天候は言うに及ばず、湿度や気圧、芝生や雑草、時には野生動物までもがプレーに影響を及ぼします。

飛んでいったボールの落下地点がわずか数センチずれただけで、天国と地獄というくらいの違いが出るときもしばしばあります。

完全にミスショットしてＯＢの方へ飛んでいったボールが、たまたまそこに一本だけ植わっ

ていた木に跳ね返されてフェアウェイのセンターに戻ってきたり、あるいはスーパーショットを決めたと思ったら、スプリンクラーの蓋《ふた》の上で変な方向に跳ねてOBになったりといったこともたまにあります。

たとえば高額賞金のかかったプロの試合では、1打差を巡っての攻防戦が繰り広げられていますが、このパットが入れば優勝といったシーンで、ほんのわずかな芝生の目が影響してボールの軌道が変わり、あと数ミリというところでカップインできず、億単位の賞金を取り逃がしたというような話は珍しくありません。

とはいえ、ゴルフはその局面だけ見れば運、不運が影響しているように見えますが、全体（つまり18ホール）をならしてみると、運・不運はうまくバランスが取れていて、ホールアウトしてみると普段通りの実力がそのままスコアとして現れます。

しかし例外もあります。

スタートして何度か運の悪いことが起き「今日はツイてないな」などとブツクサ言いながらプレーしていると、本当にミスショットや不運が続いて、自分でもびっくりするほど悪いスコアが出る。これは初心者やあまりゴルフが巧くない人によくありがちなことなのですが、なぜそうなるのでしょう。

まずひとつ言えるのは**「今日は自分がツイていない」と認識してしまったことにあります。こ**

れを心理学では「自己充足的予言」と言います。つまり彼は自分に暗示をかけてしまったのです。

そうなると、意識が「不運」ばかりに向けられてしまい、たとえラッキーなショットがあったとしても、それを「ラッキー」とも感じられなくなります。

また、本来なら自分自身の技量不足で起こったミスまで「不運」のせいにするようになり、自分がツイていないという暗示を、ますます強固なものにしていきます。

こうなると、集中力も切れて一つひとつのプレーがおざなりになり、スコアはさんざんなものになっていくのです。

いわゆる巧い人と初心者の違いは、プレー中の運・不運に対する対処の仕方に出ます。

下手なゴルファーは「今日は運がいい」「ツイているな」と思っていると、どうしても背伸びをしたくなって実力以上のことをやろうとします。

それで成功すればいいのですが、たいてい失敗する。それでも「ここはチャレンジしたのだから、しょうがなかった」と自分を納得させられればいいのですが、たいていは「やめておけばよかった」と自分を責めるか、運のせいにします。

一方、上級者は「確実」を第一に考えて「ここ一番」というとき以外はチャレンジングなことはせず、しっかりとパーかバーディを取りにいきます。

また「運が悪いな」「ツイてない」と感じているときの初心者の反応の特徴として、「不運を一発逆転で取り返そう」とすることがあります。

ナイスショットしたはずのボールが、行ってみるとちょうど木の陰になってグリーンが狙えない。こんなとき、上級者は無理をせずにいったんグリーンを狙いやすい場所にボールを出してそこからショットするのですが、下手な人はこの不運をなんとか跳ね返そうとして、プロでもめったにやらない成功率が数パーセントというような難しいショットをして失敗し、ますます窮地に陥るわけです。

上級者が不運な状況に陥ったときにまず考えることは、これ以上ミスを重ねないようにするということです。なにがなんでも負のスパイラルにはまらないという決意があります。

とにかく、いま無理せずに乗り切って次のチャンスを冷静に待つこと。それを心がけている。つまり自分をセーブすることを知っているということです。

ここで自分の話をすると、私自身はゴルフをしていて運の波というのをあまり感じたことがありません。だからラウンドするたびに、スコアは確実によくなっているし、崩れるということがまずありません。つまりそれは言い換えれば、運に左右されないということです。運に左右されないということは、別の見方をすれば、運に左右されないようなゴルフをする。もっと言えば、運をコントロールしているという意味に他なりません。

なぜそれができるかというと、私がメンタルの保ち方を知っているからです。

ゴルフを実際にプレーしたことがなくても、テレビでゴルフの試合を観戦したことがある方ならおわかりだと思いますが、ゴルフコースというのは両側に崖や林があってそれが隣のコースとの仕切りの役を果たしています。

その林の中や崖の向こうまでボールが飛んで行くと、多くの場合がいわゆる「ＯＢ」とされ2打罰が加えられてショットした場所から打ち直しとなります。ゴルファーなら誰でも、なるべく口にしたくないゴルフ用語のひとつです。

たとえばティーショットのドライバーが右にそれてボールが林のほうへ飛んでいったとしましょう。ボールは途中で見えなくなったものの、「カーン」という木に当たる音だけが聞こえた。ボールはＯＢかもしれないし、もしかしたら木に跳ね返されてセーフの場所に落ちているかもしれない。

そういうときは、ＯＢであった場合に備えて「暫定球」というのを打つのですが、ここでどう自分のメンタルを整えるのかが大きなカギを握っています。

ここは大切なのでまた後ほど別の形で書かせていただきますが、私はこういうときは最悪を覚悟します。つまり、ＯＢです。たとえセーフであろうとＯＢであろうと、正確なスイングができなかった。つまりミスショットをしたからボールがＯＢの方向へ飛んでいったのです。そもそもの責任は自分にある。なので「もしかしたらセーフかも」という期待も捨てて、これから打つ暫定球のことだけに意識を集中します。

一方、スコアがいつもまとまらないプレイヤー、要するに下手な人は概してセルフコントロールも巧くないというイメージがあります。

暫定球を打つ直前まで、いま打ったボールがセーフだといいな、とか、たぶんセーフだと思うんだよね、などと口だけはポジティブなことを言いながらショットします。で、またさっきと同じようなミスショットをして同じような場所にボールを打ち込んでしまうのです。

もし、「たぶんセーフだと思う」と期待しながら、最初に打ったボールを確認して、本当にセーフだったら運がいいことになりますが、もし、これがOBだったとしたら、その人はもう一度「ああ、運が悪かった」と自分がミスショットしたことも忘れて、運のせいにしてしまうわけです。

しかし最初から最悪を覚悟していれば、たとえそれがOBでも精神的に受けるショックは少なく、もしセーフであればそれこそラッキーですから、気持よくプレーが続けられます。

最悪を受け入れる覚悟があれば、大胆に行動できる

ゴルフのときもそうですが、私はなにかをしようとするときは、最悪どんなことが起きるかということを考えてからやります。それを受け入れてしまってからやると簡単に事が進むからです。

ひとつ例を挙げましょう。

私はかねてからイギリスのオックスフォードに留学したいと思っていました。しかし、現実問題として非常に狭き門で、入学するのは相当難しいのです。

だったら、どういうパターンで入るかを考えます。

パターンAは「大学から入る」。これは難しすぎるし時間もかかる。競争相手も非常に多いし困難である。

パターンBは「大学院から入る」。これは大学院で特徴的な研究をした場合は入ることができる。

パターンCは「研究員として入る」。日本で博士号を取得してから、研究員として2年あるいは3年のスパンで研究をする。

そして最後のパターンDは「オックスフォードを楽しむ」です。

別にオックスフォード大学に入学する、というわけではなくとりあえずオックスフォードの地に住み、オックスフォード生活を楽しむというプランです。

そうやって考えたときに、「最悪なケース」はなにかというと、大学を受験して箸にも棒にもかからずに入学できないというパターンです。

時間さえかければなんとかなるかもしれませんが、自分はもう高校生ではないので時間はある程度区切らなければなりません。

とりあえず向こうに移り住むとなったら、生活を維持していくためには海外からでもテレビ電話やインターネットを使ってできるビジネスの基盤を作って固定収入を得られるようにすべきだ。ならば、それを先にやろう。それを数カ月で準備して、最低でも向こうに住める状況だけは作り上げました。そうすれば後に残るのは時間の問題だけです。

物事を円滑に進めるには、そうやってまず最悪のパターンになることを前提として受け入れておくことが大切なのです。

（いや、俺は必ず入れるから絶対大丈夫だ！）などと、言葉は美しいけど「自分を信じて」仕事もなにも全部やめて勉強一本の受験生に戻りますとやってしまったら、なにかあったときには全てが終わるということになってしまいます。

もっと言えば、たとえオックスフォードに入れて卒業したと言っても、研究者一本でやって行こうとすると、スタートした時点で既に後れをとっているので若い人たちにはまず勝てません。そうなると、やはり自分のビジネスの観点がないと、入学したとしても自分にとってプラスの要素がなくなってしまいます。

最悪の事態を想定して、それをいったん受け入れておけば、最もよくない不運のパターンに陥ったときも再起可能だし、次の運を開くことも可能です。

そして面白いことに、そうやって最悪を受け入れておけば、その「最悪の事態」は滅多にやってこないものなのです。

またゴルフの話に戻りますが、グリーンにアプローチする際、ミスショットをしてボールがバンカーに入ったときのために、予《あらかじ》めサンドウェッジ（バンカー専用のクラブ）を持って行くとバンカーには入らないものなのです。もし入ってしまったとしても「用意しておいてよかった」となりますし、入らなかったら「ヨッシャ！」というハイな気持ちになれます。

ところが「入らないだろう」とタカをくくってサンドウェッジを持って行かないと、バンカーに入る。そういうことがしばしば起きるのです。

「期待をしてそれが裏切られた形で終わった」という経験を記憶に定着させたくない。もっと言えば、「運が悪かった」と思いたくない。

だから、サンドウェッジを手に持ちながら（こうやって持って行くと入らないんだよね）と自分に言い聞かせることができ、そして実際に入らないということが続いていくうちに、自分はバンカーにはつかまらないんだという「信念」が形成されていくわけです。

これはゴルフに限らず、あらゆることに応用できることなのでみなさんも実践してみてください。

運がいい人は集中すべき20%を知っている

あなたの周りに「運がよければ」という言葉が口癖になっている人はいませんか。

中にはこの言葉をまるで枕詞のようにして使う人がいます。

——明日の天気予報は晴れだから「運がよければ」そこから富士山が見えるだろう。

——偏差値では無理かもしれないけど「運がよければ」〇〇大学に合格できるだろう。

この二つの文章、同じ「運がよければ」というフレーズが入っていますが、意味がまったく違います。

富士山が見えるか見えないかは、自然現象でまったくの偶然によるものですから、この「運がよければ」というのは正しい。（というのも変な言い方ですが）

ところが、大学受験は絶対ないとは言いませんが、基本は最後の最後まで合格できるか否かのカギは受験する本人が握っています。

それなのに「運がよければ合格できる」と言った時点で、本人が自覚しているかどうかは別として、現実を自分の力でなんとかしようという努力を放棄したことになる。

たとえば、いまの大学の受験で言えば、たとえば問題の順番通りに第一問からバカ正直に解いていって、途中で難易度の高い問題に引っかかって額に汗しているような学生は受かる可能性は低いです。なぜなら、視野が狭くなっていて自分が置かれている状況が見えていないから。

確率的に考えれば、ほとんどの学生が解けないような難易度が高い問題が出る可能性は非常に少ない。もし、そういう問題があったら、それを解くよりも誰でも簡単に解ける(しかしみんながケアレスミスしやすいような)問題を100パーセント解けるようにしておくことです。数学だったらそれをしっかりやっておけばかなりの難関校でも受かります。

たとえば東大は数学が5問出るのですが、1問はとんでもなく難易度が高い問題、2問は難問、そして残り2問が簡単な問題です。ですから、最初に簡単な問題を片付けてから、次に難問に取りかかって半分くらいできれば受かることができる。

合格だけ考えれば、超難問は最初から見る必要すらありません。ここで「運がよければ解けるかもしれない」と考えると失敗するわけです。難易度が高い問題に挑戦してもいいのですが、

運のいい人は集中すべき20％を知っている

やはり押さえるべきところは押さえてからやるべきです。

運を構成する要素はそれこそたくさんありますが、ひとつ知っておくべきなのが「80対20」の法則でしょう。

これは、ある一人の人間の全行動を１００として、そこから得られる結果を１００とすると、20パーセントの行動が結果の80パーセントを決定するという法則です。**つまり、一番基本的な核心の部分というのが、結果のほぼ全体を占めているということに他なりません。**

これは企業にも当てはまることで、企業全体のうちの20パーセントの人間、あるいは部署が全収益の80パーセントを稼ぎ出している。一瞬、本当かなと思われるかもしれませんが、社会全体を見回すと、企業だけでなく、あらゆる集団の中でも見られる現象です。

たとえばあなたが小中学校の頃の掃除の時間のことを思い出してみてください。だいたい、まじめに掃除をするのが2割、残り8割はふざけ半分でやっています。その結果、まじめな2割の生徒が全体の8割を掃除して、残りの2割をそうでない8割の生徒がやっている。そんなイメージではなかったでしょうか。

一人の人間が効率よく結果を得るには、核心の20パーセントがなにかを見定めて、そこに意識を集中しなければなりません。

いわゆる「得意分野を作る」ということに近いかもしれませんが、その分野こそ運に頼らず精度を高めていくことが大事です。

ところが、運頼みの人は本来なら自力で頑張らないといけない20パーセントの部分に運を求める。つまり、結果の80パーセントを運頼みにしていることになるわけです。

将来、成功してある程度のお金を稼ぐということを考えたとき、さすがに宝くじでなんとかなると思う人はいないでしょうが、たとえば大学生の就活にせよ実に多くの人が行き当たりばったりという感じで就職先を決めたりしている。

最初から起業を考えてコツコツと努力していくのと、宝くじで一発当てることを考えたら、どちらが成功する確率が高いかと考えれば、答えは自ずからわかってくるはずです。

運に頼らず、精度を上げてできるだけ試行回数を増やしていく。それこそが成功への近道で、確実に運をよくする方法なのです。

「上を向いて歩こう」は科学的に正しい

1963年、アメリカでも『SUKIYAKI』のタイトルで大ヒットした『上を向いて歩こう』という有名な日本の歌があります。聴いていると心が温かくなって元気になれそうな歌ですが、人が上を向くことは、心にどんな影響を及ぼすのでしょう。そのことを確かめた心理学の実験があります。

その結果は、上を見る、つまり顔を上げている時間が長いほど、人はポジティブになるということがわかりました。うつむいた状態では見えるものも見えなくなりますから、これはとても理にかなった実験結果でしょう。

たとえば陸上競技の短距離走などのゴール後の写真を想像してみてください。誰が勝者で誰が敗者かは一目瞭然ですよね。優勝した選手は誇らしげに空を仰ぎ、負けた選手は膝に手を置いてうつむいています。

人間は喜ぶとき、全体的に身体の動きが上向きになるのです。これはたぶん、長年の間に人間に染み付いた本能的なジェスチャーのようなものではないかと私は思っています。

ですから、私は毎朝起きると胸をそらして空を見上げながら、その日の目標を考えるようにしています。

こうするとよりポジティブな状態で自己暗示をかけることができるのです。

第8章

失敗からどう学ぶかで運は変わる

「がんばる」と「休む」のメリハリをつける

イソップ寓話の「木こりと旅人」というお話をご存知でしょうか。

ある日の朝、ひとりの旅人が森の中を歩いていると、木こりが黙々と大きな木に向かって斧を振るっているところに出くわした。

木こりは、脇目も振らずに汗まみれになって木を伐《き》っていた。

その日の夕方、同じ道を戻ってきた旅人が見たのは、今朝とまったく同じ光景だった。

木こりは、旅人のことなど目に入らないかのように、大木に向かって一心不乱に斧を振るっているが、朝見たときと比べて作業はあまり進んでいないようだった。

旅人は不思議に思い、木こりが使っている斧を見た。

斧の刃はいたるところが欠けてボロボロになっていた。

旅人は、「木こりさん」と声をかけた。

「ずいぶん一生懸命働いているようだけど、少し休憩を取って斧の刃を研《と》いだほうがいいんじゃないですか」

木こりは作業を続けながら、こう答えた。

「あんた、なに言ってるんだよ。こっちは木を伐るのに忙しくて、刃なんか研いでる時間はないんだよ」

実に示唆《しさ》に富んだお話だと思いませんか。

旅人が木こりに提案した「斧の刃を研ぐ」は、言い換えれば「精度を上げる」ということに他なりません。

斧を振るう回数、つまり「試行回数」をいたずらに増やしても効率が悪い。まず、木こりがやるべきことは、作業の精度を上げるために必要な斧の刃を研ぐことなのに、木こりは忙しすぎてそこに気づいていないわけです。

木を伐り倒そうとする努力はもちろん大切ですが、いったん作業の手を止めて斧の刃を研ぐことも大切だということ。要はどっちの優先順位が高いかということなのです。

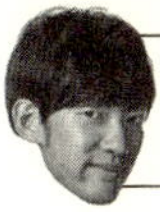

忙しくない時間を作る

人は得てして、最重要なことよりも、目の前に迫ったそれほど重要ではない案件のほうを優先してしまいがちです。

いまの話の木こりのように、**仕事などで忙殺されていると、視野が狭くなっているので周囲が見えにくくなってしまいます。声も耳に入ってこなくなる。そうなると「チャンス」や「運」が**

近づいてきても、見逃してしまうことなるのです。

木こりを人間、旅人を「運」と置き換えて考えてみるとどうでしょう。

もしそこで木こりが斧を振るう手を止めて、旅人のアドバイスに耳を貸していたら——。

彼はずっと楽に仕事ができるようになり、時間的にも余裕ができる。

そうすれば斧のメンテナンスも十分にできるようになるし、もう1本スペアの斧を買えるようになるかもしれない。

作業はさらに効率的に進むようになり、木こりはいっそう幸せになる。

木こりはつまり、運がよくなる。そう結論できるわけです。

なぜ運がよかったのかを考える

あなた自身の身になにか喜ばしいできごとがあったとき、あなたはそれを「運がよかった」と考えますか。それとも、自分が頑張ったからだと思いますか。

たとえば、ビジネスなどある分野で成功した場合に、それを「運がよかった」のひと言で片付ける人がいます。

「おかげさまの精神」とでもいうのでしょうか、日本人は運がよいとき（成功したとき）は偶然と考えて、運が悪いとき（失敗したとき）は自分のせいと考える。

欧米人はこの逆のパターンで、運がいい時は自分の力だと考え、運が悪いときというのは偶然だと考えるタイプが多いと言われています。

日本人の場合、それが単なる謙遜《けんそん》であれば良いのですが、本当に運だと思っているとちょっと問題があるような気がします。

なぜなら自分が成功できたか、その理由を分析しておかなければ再現性がなくなってしまうからです。そうなると部下や次に続く人たちに伝えられません。

確かに失敗した理由というのは、後から考えるとけっこう具体的でわかりやすいことが多い。ところが成功した理由というのは、わかってないことが多かったりする。それは確かです。

その時代背景や、そのときならではの社会状況など、変数的な要素があるので、つまりはそれが「運」ということなのですが、それならそれで、どうして自分は運がよかったのか、を振り返り、分析しておくことは大切です。

やり残したことが、あなたの運を奪う

なにか解けないクイズやパズルなどがあって、それをずっと頭の隅で気にかけていると、なにかの拍子に答えがフッと降りてくる。

あなたはそんな経験をしたことがありませんか。

本来、未解決の重要な問題や未完の仕事に関することというのは、そう簡単には頭から消え去らないようにできていて、いわゆる偉大な発明家や、科学者、数学者といった直感やひらめきを大切にしている人たちは特にその傾向が強い。

ところが私たち凡人は、いつの間にかその大切なことを忘れてしまうことが多い。それには理由があって、凡人は日常のささいな問題だとかやり残した仕事のことが気になって頭に残り、それよりも重要なことが追い出されてしまうのです。

人は直近に問題があると、未来のことをあまり考えられなくなってしまう性質があります。

たとえば、今日あなたが臨時のアルバイトをしたとします。仕事の後で雇い主がこんな提案をしてきました。

「いまなら現金で1万円渡せますが、2週間後だったらあなたの銀行口座に1万2千円振り込

めますがどちらがいいですか?」

あなただったらどうしますか?

おそらく大半の人がいまの1万円を手にしたいと思うはずです。

近くにあるもののほうが重要に見えて、遠くにあるものは重要には思えなくなる。

それを行動経済学の用語で「双曲割引」というのですが、要するに人は**「近い将来の価値を大きく、遠い将来の価値を小さく感じる」**のです。

ですから、なにか長期的で重要な仕事に取り組もうとするなら、直近に心残りを残さないことが大切です。そうでなければ、お腹が空いて死にそうだと言っているコックに、それよりも明後日のパーティのメニューを考えてくれと言っているようなものなのです。

とりあえず、目先の不安や厄介事を取り除くことで初めて長期的なことを考えられる。

数学の天才などと言われている人が、少々浮世離れしているように見えるのは、直近の問題などどうでもいいと考えているからなんですね。と言うよりも、考える以前に目に入ってきていないのです。

なにも誰もが数学の超難問を解かなければならないわけではありませんが、仕事など自分のある程度長期にわたる目標を達成するためには、身近な問題はこまめに片付けておいたほうがいいことは間違いありません。人間関係の悩みや家庭の悩みとか少ない人のほうが成功しやすい、つまり運がいいと言われるゆえんでしょう。

新しいことに挑戦する癖をつける

新しいことに「挑戦する」というと腰が引けてしまう人がいると思うのでこんな見出しにしました。

人間は基本的に新しもの好きです。新奇なものに対して心が動きます。

それは遺伝子の働きでもあり、ちゃんと「好奇心」を司る遺伝子というものが備わっています。少し難しい言い方をするとノベルティ・シーキング（Novelty Seeking）。これは日本語だと「新奇探索傾向」とか「新奇探求行動」といった言葉で訳されています。

テレビの旅番組などで、どこか発展途上国の山奥などに取材に行った撮影班の元に村の子どもたち（のみならず、大人たちも）がテレビクルーに向かって押し寄せてくる。そんなシーンを見たことがあるはずです。

遠くからやってきた人やモノ、新しい物や人に引かれるようにできているのです。

買ったばかりの真新しい靴や洋服で出かけることを想像してワクワクするのに似ているかもしれません。

「新しいもの」は人をワクワクさせる力がある。心を動かすわけです。

それは知識でも、絵画や映画、音楽でもかまわない。とにかく心を動かすこと。そこから始まります。


「清水の舞台から飛び降りる」という表現がありますが、あれは「思い切ってなにかをする」というよりも、本来の意味は度胸だめしという意味合いが強かったと聞きます。

ずいぶん命知らずな行為だと思いますが、ノベルティ・シーキングという言葉には、そういった意味合いもあるのです。

自分はあの清水の舞台から飛び降りても生きていた。だから、自分は大丈夫だという自信がつく。そうなると、新しい未知のことにも正面から取り組む勇気が出る。

そうなると当然「試行回数」が増えますから、幸運に巡りあう可能性も高くなる。

たとえば、私はバンジージャンプをします。足首に長いゴムのロープをくくりつけ、目もくらむような高所から真っ逆さまに飛び降りるという例のあれです。

これまでいろいろな場所でやりました。

一番怖かったのは、茨城県にある日本一の高さ（100メートル）を誇る竜神大吊橋からのバンジージャンプでした。マカオタワーの233メートルよりも怖い。100メートルの高さだと、下にいる人がぎりぎり見えるので、高さにリアリティがあって余計に怖いのです。そのとき私は「あまりにも怖くて」、2回連続でやってしまいました。

バンジージャンプで面白いのは、飛び降りる踏み切り地点に立ったときです。そのときは踏み切り板からつま先を少し出さなければならない。

そのつま先を出したとき、自分の理性では安全だとわかっていても、「飛ぶな！」とものすごいパワーで引き止めようとしてくるもう一人の自分がいる。

それを敢《あ》えて振り切って飛ぶという練習をしておくと、もういろんなところで飛べるようになるわけです。そういった極限の場面に直面する練習をしておくのはすごくいいことだと思います。パーティで初対面の人に話しかけるくらい、なんでもないことのように思えますから。

そうなると、必然的に知り合う人も自然と増えていきますから、運がよくなる可能性も高くなるわけです。

手を洗えば不運がリセットされる

何年か前に『トイレの神様』という歌がヒットしました。

トイレには女神様がいて毎日トイレをきれいにしていたら、美人になれるとかなんとか……確かそういう内容だったと記憶しています。

このような「トイレ掃除をすると運がよくなる」の他にも部屋に観葉植物を置くと運気が上がるとか、財布は長財布にすると金運がよくなるといったことが巷ではよく言われていますが、科学の側に身を置く私としては、まあとりあえずは否定するしかないわけです。が、あえてトイレ掃除を考えることで、この手の「言い伝え」が人々を引きつけるその理由を探ってみたいと思います。

トイレは別名「御不浄」と呼ばれるくらいですから、できれば誰もその「不浄」な場所での作業はしたくないと思っている。そんな人が嫌がることを自ら進んでやるということは、神様がなんらかのご褒美をくれるはずだという期待があるからです。（さっきの歌で言えば美人になれる、でしたが）

自分はこれで運がよくなるのだと念じながら、トイレ掃除をしていれば、それが信念となってなにか行動するときにはポジティブにはなれるでしょう。その点では運がよくなると言えます。が、だからと言って持っている株式が上がるとか、人気の分譲マンションの抽選に当たるというようなことはありません。

その他にトイレの掃除をしていいことがあるとすれば、トイレ磨きの熟練度が上がるということ。もし、あなたが飲食店などを経営していて、そこのトイレをいつもキレイにしていれば、店のイメージアップにつながって増客に結びつくことがあるかもしれませんし、あなたが既婚男性であれば、トイレ掃除することで奥さんの機嫌がよくなり、お小遣いの額が多少アップすることがあるかもしれません。

トイレの話が出たついでに、水回り系でよく言われるのは、「ツキが来た」と感じている**ギャンブラーに休憩を取らせて手を洗わせると、ツキが落ちたと感じ、ツキが落ちて損が膨《ふく》らんでいる人に手を洗わせると、ツキが戻ってきたような気がするというものです。**

実際の結果は確率論なので変わらないのですが、手を洗うということで気分が変わるということは十分考えられることです。トイレ掃除も手洗いも共に「水で洗う」行為ですから、いわゆる「禊《みそぎ》」に近い心理的効果が得られるのかもしれません。

要は「運がよくなった気がする」ということが大事で、このように自分をリセットする習慣を持っているのは大事かもしれません。

やさしく失敗を振り返ったほうがリベンジが成功する

あなたがたとえどんなに元気な人でも、「今日はどうしても気分が乗らない」という日がありませんか。で、あれこれ迷った挙句、仕事をサボってしまう。

やるべきことをサボって一番よくないのは、そのサボった事実よりもそれに対して罪悪感をもつことです。

罪悪感に苛《さいな》まれる自分を責めれば責めるほど、その後の仕事の効率はどんどん落ちていきます。やる気がなくなったり、アイデアが出なくなるといった負のスパイラルに陥ります。

あなたの学生時代のことを思い出してみてください。

たとえばテスト――。

テスト期間が終わった後、ほとんどの人が何らかの後悔をします。

そのとき自分を責めた場合と自分を許した場合とを比べると、面白いことがわかります。

「もっと早く試験の準備を始めておけばよかった」などと**後悔しながら自分を責めた場合と「まあ、次はなんとかなるだろう」と楽観的に考えた場合では、次の試験の準備を始めるタイミングが、自分を責めた人のほうが遅いのです。**

自分を責めれば責めるほど、次の行動を起こすためのモチベーションに重石《おもし》がかかる。だから遅くなるのです。

この話をまとめると、「自分を責めているヒマがあったら、英単語のひとつでも覚えろ」ということになるかもしれません。

自分を責めれば責めるほど、自分に自信が持てなくなります。そうなれば、直感もますます働かなくなり、運も悪くなることは自明の理です。

原因探しをしすぎない

なにかすごく不幸なことが自分の身の周りで起きたとき、人はどうしてもその原因を探りたくなります。

「あの時ああしておけばよかった。あの時こうしておけばよかった」

そんなふうに、どんどんどんどん過去にさかのぼって自分を責めていく。でも、いつかはそれを止めなければなりません。

あの時こうすればよかったと反省して、これからはこうしようと前向きに考えることが望ましいのですが、やはり人によってはそれが自分に向けられる。

こんな失敗をしたのは他でもない自分がダメだったからだと結論して、最悪「もう自分が生きていてもしょうがない」というところまで行って自ら命を断ってしまうこともある。


同じことが起こっても、その受け止め方、解釈が人によってぜんぜん違います。

自分の落ち度で起こったことを「運が悪かった」のひと言で済ませることもできれば、まったくの偶然で起きた不可抗力な不幸であっても、自分のせいにしようと思えばいくらでもできます。

偶然なのか、自分のコントロールがきく範囲内だったのか、そこはきちんと区別して考える必要がある。


自分の運が悪いと思っている人は、確率とそうでないものの区別がきちんとできていないことが多いような気がします。

宝くじを十万円分買って、それが全部外れたときに、「あのとき宝くじなんか買わなければここにあのお金があったのに」と後悔する人は、ずっと運が悪いままでもしょうがないと思います。

怒りの感情で限界を突破する

人間は怒りの感情を抱いているときに、行動力や問題解決能力が非常に高くなるということがわかっています。

ところが怒っているとき、たいていの人はその原因を作った相手に仕返しをしようとする。仕返しというのは「窮鼠《きゅうそ》猫を噛《か》む」という格言にもあるように、捨て身でいきます。敵に回すとこれは相当恐い相手ということです。

では、自分が怒ったときにはどうすればいいかというと、その怒りを仕返しに向けないように努力することです。仕返しをしても何の得にもならないことのほうが遥かに多い。

怒っているときこそ、自分の目標を明確にしてそこにそのパワーを向けたほうがずっと建設的です。

そうすれば怒りの感情すら、自分のために使える。

「なにくそ」と思ったときの行動力はすごいものがあります。

「やられたらやり返す。倍返しだ」という言葉が一時ブームになりましたが、仕返しをして、そのときは一瞬心が晴れるかもしれませんが、相手はそれ以上の報復攻撃をしかけてくるかもしれない。そうなると、いわゆる憎しみの連鎖が始まります。

そんなことで貴重な人生の時間をムダにするのはもったいない。

怒っているときこそ生産的なことをする。

怒りっぽいという自覚がある人は、それを心がけるだけで、いまよりずっと運がよくなるはずです。

なぜかいつも貧乏クジを引いてしまう人

一生懸命やっているのに、なぜかその努力が実らないという人がいます。

椅子取りゲームなど、仕事や勉強以外の遊びですらいつもビリになって、罰ゲームをさせられ、それをまたみんなに面白がられる。いわゆる「いじられキャラ」と呼ばれる人に多いタイプの人で、運が悪い人の典型と言ってもいいでしょう。

その人がお笑い芸人なら「いじられキャラ」でもオッケーなのでしょうが、問題は一般人の場合です。

努力に頼りすぎない

本人は自分の能力が低く、運も悪いことを自覚しています。それでも、その場所から抜けだそうとしない。なぜなら、こうしてひとりで一生懸命に頑張って努力していれば、いつかはきっと報われると信じているからです。

これを心理学では「泣き寝入り型万能感」などと呼んでいるのですが、このタイプの人で一番よくないのは「考えない」ということです。

確かに一生懸命やっていれば、確かに報われることもあるでしょう。しかしそれには「ただし」がつきます。一生懸命にやって報われるのは、正しいことを正しい方法でやった場合であって、間違ったことをしていてもその努力は報われません。

努力万能主義とか根性万能主義の人は、思考停止状態になっていて、あまり自分でものを考えるということをしません。

上から言われたことを文句も言わずに黙々とこなすという、まさに企業が求める人材です。

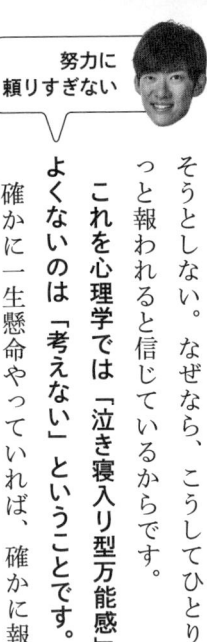

空に向かって来る日も来る日も、毎日祈っていれば天気をコントロールできるかといったら無理ですよね。それに近いことを頑《かたく》なに信じてやっているのが泣き寝入り型万能感タイプの人なのです。

苦しくてもじっと堪え忍んで頑張っていればそれでいいというのは、そもそも学校が教えていることです。

陸上で活躍したトップアスリートの為末大さんが2013年、自身のツイッターで「やればできる」は成功者の言い分で、アスリートで成功するためには、生まれもっての身体能力が99パーセントといった趣旨のツイートをしてネットでちょっとした炎上騒ぎがありました。そのとき、やはり私はこの努力万能主義というか、努力原理主義の人たちがそれだけたくさんいるのだなと感じたわけです。

ムキになって為末さんに反発したり批判したりするということは、やはり「努力は人を裏切らない」的なことを本気で信じているのでしょうが、私が面白いなと思ったのは、努力、努力という人に限って、その人自身はそれほど努力していない人が多いということです。

本気で努力していたら、途中で気づくはずなのです。

「あ、違うかもしれない」と。

どんなことにせよ、正面から真剣に取り組んでいなければ、その奥深さや本当の難しさ、大変さがわからないので、自分でもなんとかやれそうかなと思ってしまうのです。

努力すべきポイントが間違っていることに気づくということは、試行回数を増やすという意味においても、とても大切なことで、「ただ、いま目の前にあることを盲目的に一生懸命やる」

だけではリスクが高すぎます。

もちろん、その人のポジションによっては、ただ目の前にあることを一生懸命やっていればいいという場合もあるでしょう。ところが目の前にあることを一生懸命にやっているだけでは、まずい人のほうが多い。

確かに、ストイックな響きもあって聞こえはいいのですが、私はあまりおすすめできないやり方だと思います。

なぜなら、**人生で3回しか勝負しないという場合「負け」「負け」「負け」と3連敗する確率は決してないとは言えない。ところが、下手な鉄砲も数撃ちゃ当たる方式で、100回勝負に出る人がいたら、もちろん3連敗もあるでしょうが、3連勝もあるはずです。**

例の「成功するまでやり続ける」というのはこのパターンです。

為末さんはスポーツを例に挙げましたが、他の分野、たとえば芸能界などのエンターテイメントの世界もまさにそうでしょう。

どんなに正しい努力をしても、絶対に埋められない差というものがあります。

私がいくらテレビ業界でこのまま頑張って有吉さんやタモリさんのように自分の冠番組をもってMCになるべく努力しても、実現できる確率はかなり低い。(つまりは、運に頼るしかな

いということになる）

だったら、現実問題としてその差を受け入れるしかない。となると、自分であればどうやってその差を埋められるのかを考えたら、やはりテレビ業界とは違う方向に進んだほうがいいのではないか。では、そのときの自分の武器はなんだろうと考えたら「心理学」だろう。だったら、もうタレントである必要性はない。そういう結論に至ったわけです。

正しいタイミングで自分を活かせる正しい場所にためらうことなく移動すること。それが運をよくするための基本です。

折れない心が運をよくする

以前、大阪へ講演に行ったときのことです。

講演が終わり、質疑応答の時間になったとき、聴衆のひとりからこんな質問を受けました。

自分は、中学時代に入っていたサッカー部で受けたいじめがトラウマになってしまって、いまでも怖くてサッカーのピッチに近づくことさえできないのだけれど、どうすればいいのでしょうか——。

要約するとこんな相談でした。

彼はそのトラウマになるような出来事によって人生の可能性を閉じられてしまったと感じている人です。

私も子ども時代いじめを受けていましたが、前述したように、いじめられたからこそ「こんちきしょー、いつか見返してやるぞ」と奮起して、勉強するようになって人生が変わりました。

同じような境遇にあっても、どっち方向に変わるかというのはけっきょく本人のやり方次第で、そこをどうやって対処していくかという方が大事な気がします。

ポジティブ心理学によく出てくる用語で「レジリエンス」という言葉があります。日本語だと「精神的回復力」とか「復元力」と翻訳されていますが、これはなにか困難だとか悲惨な目に遭っても簡単には心が折れない力のことで、このレジリエンスのある人は、なにかあってもすぐに戻って懲りずにもう一回挑戦します。そうなると当然試行回数も増えるので、成功する確率も高くなります。

がっしりと大地に根を張った立派な大樹の枝が、積もった雪の重みに耐えられずポッキリと折れてしまうことがあります。そうかと思うと、大樹に比べたら弱々しい柳はどんなに雪が降っても柔らかい枝がしなって雪を払い落としてしまうので、折れたりすることはありません。「レジリエンス」というのは、この柳の枝のように柔軟な思考が重要なカギを握っているのです。どんな苦境に陥っても、常にポジティブな部分に目を向けられる人がその厳しい状況を乗り越えることができる。そういう、どんなことでも受け流すことができる精神がレジリエンスなのです。

成功した人がその成功の秘訣を聞かれて、「いや、成功するまでやり続けるだけですよ」などと答えたというエピソードをよく耳にしますが、それは企業の戦略としてはコストがかかるので怪しいけれども、人の戦略としてはすごく合っていると思います。つまりそれはレジリエンスの話ですから。

前のほうで、「運のいい人は物事にこだわらない」と書きましたが、これはひとつの目標を決めたら、その目標にたどり着くためのやり方にこだわらないという意味です。Aという方法を試してダメだったら、B、Bもだめだったら今度はCという具合に、臨機応変にやり方を変えていく。ところが成功にこだわるという部分は同じでも、目標達成のための手段や手続きにこだわる人に幸運の女神はなかなか微笑んではくれないでしょう。

もう一度言います。

「運のいい人はこだわらない」を思い出してください。

過去をどう見せるかで将来が決まる

これもある講演会のときに受けた質問なのですが、運ということを考える上で参考になると思うので紹介させていただきます。

その質問の内容は、学校を出てから30歳近くになるまでずっとバイトしていて、いまから正社員になりたいのだが、どこの会社もなかなか採用してくれない、どうすればいいでしょうかというものでした。

私はそれを聞いたとき、運のいい人と悪い人の差というものは、こういうところに出るのだなと思いました。

その彼が言うには、自分が正社員として採用されないのは、30歳までにいろんな職種のバイトをし過ぎたというその経歴のせいではないかと考えている。要するにひとつの職場にじっと腰を据えていられない、忍耐力がないタイプの人間だと見られることを恐れていたのだと思います。

そこで私は「いろんなバイトをした経験が、その会社に活かせると思うとどうして言わないんですか」と聞きました。

一般的な会社の正社員であれば3年くらいは同じ事をすることになります。ところが移動が自由なバイトであれば、多種多様な仕事を経験できるはずです。

であれば、この業界ではこういうことを学び、この職種ではこんな知識を得ることができました。だから御社にはこのような形で貢献できると思いますというふうに、ストーリーを作ればいいのではないですかとアドバイスをしたわけです。

彼はそれで本当に納得したかどうかはわかりませんが、ひと言でいうと過去に対する評価が違うわけです。

人生は選択の連続であることは間違いないのですが、その選択にも2通りあって、自分ができる選択と、自分には決定権のない選択、つまり自分が選択される側になった場合の選択があるわけです。

この人の場合は、自分では入社試験を受ける選択はできますが、彼を入れるかどうかの選択は会社がするわけですから、彼は選ばれる側としての努力と工夫をしなければならないわけです。やはりここで大切なのは、どれくらい過去を上手に使えるかあるいは見せられるかということなのです。

つまらない仕事でも自分で工夫して面白くする

過去をネガティブに見ていたら、将来はその延長線上にあると思ってしまいます。ということは、過去に対する認識をポジティブなものに変える必要がある。

楽観的な人が、いろんな可能性を見出すことができるのは、多分そういうことなのではないかなと思います。そうやって楽観していれば、リラックスができますし。後は思考力の問題もあると思いますが、運がいい人、能力が高い人というのは想像力が非常に豊かです。だから同じ仕事をするにしても、どうすればもっと面白くなるかなといろんな手法を考える。つまり広がるタイプの思考になるのです。

運が悪い人、成果が出せない人というのは、最初に「なにをすべきなのか」ということを考える傾向にあると思います。そうして「これしかない」という選択肢を選び取ろうとする。仕事でもなんでも、実はそんなものはないわけです。

運をよくしようと思ったら、どんなことでも自分から働きかけて「面白くする」ということが大事です。

誰かの誕生パーティを開くにしても、ただ普通にレストランを借りて普通にやるよりは、たとえばサプライズパーティのような仕掛けを考えて、面白いパーティにしてあげたほうが本人もそうですし、周りの人もその人に感謝するし、面白い人だなという印象も抱くことになる。

それがまた、新しい出会いや幸運を呼び寄せる。

そういった意味で「どんなことでも面白くする」は、運をよくするための大切なキーワードだと思います。

不運なときこそ、爪を研いでチャンスに備える

会社のような組織に所属せずフリーランスで仕事をしていると、どうしても好不調の波の存在に気付かされることになります。

自分自身のことを言うと、いまでこそ順調ですが、一時的には仕事が減ったこともありますし、一カ月仕事がなかった時期もありました。

でも、私はそれを不調だとは捉えずに、爪を研ぐ時期だと考えました。

仕事がない状態のときは、悪あがきせず、必死に爪を研いでチャンスが訪れた瞬間にそれを一瞬で勝ち取ってやろうという思いがあったのです。

不運なときこそ爪を研げ

「負け」「負け」「負け」と負けが続いているときは爪をたんねんに研いで、「勝ち」「勝ち」「勝ち」のモードに入ったときは、その研ぎ澄ました爪を使えばいいということです。

大数の法則的に言えば、短いスパンで見れば負けであっても、長い目で見ればそれはほんの短い期間に過ぎないかもしれない。

そしてもうひとつ。

不調の時期にあるときは、運が悪いと思うのではなく、なにか自分が見逃してないかと考えるときだと思います。

運が悪いから全部うまくいかないと考えるのではなくて、そこで自分に「待て、待て。なにか忘れ物をしているぞ」と問いかけてみることが大事なのです。

他のビジネスなども同じで、どうしても成果が出ないというときに「最近どうも運が悪いな」と思うのではなく「いや、なにか見逃しているんだよなあ、これ」と自分自身に問いかけることで、その見逃しているものを具体的に探すという行動に移れます。

「ここは問題ない。ここも大丈夫。ここも悪くない」と一つひとつ要素を分解しながらチェックすることが可能になるわけです。

第９章

恋愛運と金銭運の真実、そっと教えます

株式投資はチンパンジーにやらせるのが一番儲かる!?

私たちを取り巻くこの世界には、いまだに科学で解き明かされていないものがたくさんあります。

宇宙のダークマター、人の心、脳、意識……数えきれないほどあります。そのひとつに「どうすればビジネスは成功するのか」というテーマがあります。

たとえばそれを知っているというコンサルタント会社の人たちが、さまざまな統計手法であるとかマトリックスを使って経営分析をしたりするわけですが、それでビジネスが成功するのかというと非常に微妙です。

マトリックスや資料を作るのが自分たちの仕事で、収益を上げるのは自分たちではなくクライアントだ、などと豪語するコンサルタントもいるくらいですから。

要するに、最初のほうで述べたように、こうすれば必ずビジネスは成功するといった方程式などありません。ところが実は運任せにやっているだけなのに、うまくいったらそれを実力だと言い張るタイプの人間が多い。だから、そういった仕事が成り立っているわけです。

株や短期の為替のトレーダーなどもそうです。

プロの経済アナリストと、一般の投資家、3歳児もしくはチンパンジーに、ポートフォリオ（投資信託や株式の組み合わせ）を組ませても成績は変わらないという調査結果も出ていて、アメリカの主要銘柄500の中から株を選ぶのに、チンパンジーにダーツを投げさせてもプロに考えさせても、最終的な結果は変わらないのですから、だったらチンパンジーのほうがいいわけです。なぜなら手数料を取らないから。

経済学がいかにあてにならない学問かということは、経済学の本場のアメリカでもずいぶんとジョークのネタにされていて、「正反対のことを言っている学者が、ノーベル賞をもらえる唯一の分野」とか「去年どの株を買えばよかったか教えてくれる学問」などとさんざんです。

経済学者もまた同じくで「昨日予測したことが、今日起こらなかったことを、明日になって気づく人」「ヒトが貧乏になる理由を説明することで、自分は金持ちになれる人」などなどいかに経済や経済学者の予想が当たらないか揶揄《やゆ》されまくっています。

ウォーレン・バフェットという名前を聞いたことのある方は多いと思いますが、彼は世界三大投資家の一人と呼ばれるアメリカ人で、株式投資によって　とてつもない富を手に入れたすばらしく運のいい人です。

だからみんなが彼の投資法の極意を知りたがります。しかし、彼がいつも言っている株式投

資で成功するためのコツというのは、

「いい銘柄を見つけたら、いいタイミングで買って、その会社がいい会社であり続ける限り、その株式を持ち続けること」

これって、ホームランを打つ秘訣はと聞かれて「いい球が来たら思い切りバットを振ること です」と答えるホームランバッターと同じで、要するに当たり前のことなんですね。

確かに、正しいことは言っているのですが、そんなこと誰でも知ってるよというレベルの話なのです。

だから、将来値上がりしそうな銘柄を選ぶための参考にはほとんど役に立ちません。

この話はそのまま「運」にも当てはまります。

もし、ある人が本当にあらゆる意味で運がよくなる方法を知ったとしたら――。

たとえば買った宝くじはすべて当たり、投資した株が軒並み値上がりし、ギャンブルをしても連戦連勝、負けなしといった無敵の強運の持ち主になれる方法を発見したとしたら、その人はそれを他人に教えようと考えるだろうか。ましてや、それを本に書いたり講演会を開いて大勢の人に伝えようとしたりするでしょうか。本なんか書いているヒマがあったら投資なりギャンブルなりに精を出しているはずです。

自分と同じような強運者の数が増えていけば、今度は強運者同士の競争が始まります。なぜなら、宝くじの一等賞の本数には限りがあるからです。将来確実に値上がりする割安の株の銘柄を嗅ぎつけた人たちが、いっせいに同じ株を買えば当然株価は上がり、本来なら独り占めできた利益を得られなくなってしまいます。

なので、確率の運をよくすることができるとうたっている本やセミナー、商品には手を出さないこと。

恋愛運はフラれた数に比例してアップする

運をよくするには、できるだけ多くの（運のいい）人と出会うことが大切だと述べましたが、恋愛も出会い（試行回数）が多ければ多いほど、いい人に当たる確率が高くなる（恋愛運もよくなる）のはいまさら言うまでもありません。

ですが恋愛は、その人がよほど魅力度の高い人でない限り、自分だけに選択権があるわけではなく、相手も選択権をもっていることを忘れてはなりません。

ということは、どんなに出会いが増えたところで、相手が自分を選んでくれないことにはなんの意味もない。

これと思った異性を射止めるためには、あなたは自分の精度を高めなければなりません。要するに自分を磨いてより魅力的な人間になると同時に、相手を見抜く能力を得るのです。

前のところでも「下手な鉄砲も数撃ちゃ当たる」という表現を用いましたが、あなたが撃った弾がもし的に当たったとしても、その的に跳ね返されてしまったらなんの意味もないのです。

だからあなたは自分の弾を磨いて、相手に当たるようにしなければならない。

精度を上げげつつ、試行回数を増やす。それが定石なのですが、なかなか両立できている人はいないように思えます。

特に私は理工系だったのでリアルに見ていたのですが、いわゆる理系男子というのはどうしても「女の子に声をかけるのが苦手」という理由から、精度を高めて一発勝負に出ようとするきらいがある。

その逆がいわゆるナンパ師でしょう。

彼らは、とにかく試行回数を上げること自体が目的のように女性に声をかけ続けます。

100人に声をかけて一人でも振り向いてくれたら成功だと思っているので、無視されても、睨《にら》みつけられてもなんとも思いません。失敗したら次に行くだけです。ここで彼らから学べることは、人生は自分から試行しない限り、なにも得られないという真理です。

たとえば、道を歩いているときに「あ、魅力的な人だな」と思う人とすれ違うことは誰でもあるはずです。が、そう思ったところでその人に声をかける人はほとんどいません。

たとえば1000人の魅力的な女性とすれ違ったとしても、声をかけなければ誰とも知り合いになることはできない。ずっと「0」のままです。

ところが、その1000人すべてに声をかけていたらどうでしょうか。

どんなに確率を低く見積もったとしても「0人」ではないはずです。

自分からアクションを起こさないかぎり「0」は永遠に「0」のままです。

これはナンパだけの話ではありません。

人と人の出会いにも通用することです。

もし、あのとき勇気を出して声をかけていれば、自分の人生は変わっていたかもしれない。

そんな後悔をしたくないのであれば、すぐにでも動き出すこと。そうすれば、必ずあなたの運はよい方向へ動きだすことでしょう。

ちなみに、フランスの心理学者、ニコラス・ゲゲンの実験によると、ナンパする際にBGMで「ラブソング」がかかっている場合とそうでない場合を比較すると、ラブソングがバックでかかっているときのほうが、女性が男性に電話番号を教える率が圧倒的に高くなることがわか

かまってちゃんにかまわない

っています。その比率は、ラブソングありの場合が52・2パーセント、ラブソングなしの場合は27・9パーセント。いかがでしょう。本書を読んで、よし自分もと奮起された方は、いまのこの話を頭の隅に入れておいて損はないはずです。

かまってちゃんは即ブロックする

運をつれて来てくれる人もいれば、逆に運を奪うタイプの人もいます。言ってしまえば疫病《やくびょう》神《がみ》みたいな人間です。

人の顔を見ると、やれ病気で具合が悪いとか気分が落ち込んで困るとか……口を開けば自分の不調を訴える人。（もちろん、本当に苦しんでいるなら別ですが）

俗にいう「かまってちゃん」タイプ。この手の人間は確実にあなたから運を奪っていく人だと考えて間違いない。

「かまってちゃん」は、とにかくあなたに自分を見て欲しい、自分だけに注目してほしいと考えています。だからあなたが外の世界に目を向けることを快く思わない。

だからそういうタイプの人と付き合うことによって、なにが起きるかというと、一気に世間が狭くなっていくのです。

「かまってちゃん」につきっきりとなり、振り回されていると、当然、あなたの行動範囲は狭くなり、人間関係の幅も当然狭まります。ということは、新たな人と出会う確率が減る。常に束縛《そくばく》しようとするので、プライベートで友人たちと飲みに行くこともできなくなる。こうして試行回数が減ってゆき、当然、運も落ちていくわけです。

「かまってちゃん」の恐ろしいところは、そうやって人から運を奪っても、自分の運は一向によくならないということです。それどころかもっと落ちていく。ここに本当の恐ろしさがあります。

あなた自身も、誰かについ愚痴をこぼしたり、不満を言いそうになったときは、自分が「かまってちゃん」になっていないか自問するようにしましょう。

捨てれば運はよくなる

私は、けっきょく人間一人ひとりがそれぞれの人生でもっているパフォーマンスというのは、時間×集中力ではないかと思っています。

１００の集中力で50年生きた人と、30の集中力で80年生きた人を比べたら１００の集中力で50年生きた人のほうがより密度の濃い人生を送ったということになる。

いわゆる断捨離《だんしゃり》のいいところは、その集中力をアップさせること。そこにあるのではないかと思うのです。

人間の注意力や集中力というのは、選択肢のオプションが多ければ多いほど阻害されてしまいます。

たとえば家でなにか書き物をしようと机に向かっているとき、テレビはつけっぱなしで、ステレオからはロックが流れていて、キッチンからは料理の匂いが流れてきて……となったら、注意力が散漫になりまとまる文章もまとまらなくなってしまいます。

それと同じで、家の中にあるものを減らせば減らすほど、気が散る対象が減るので逆に集中してできる対象が増えます。そうすると成功する確率も高まります。

よく締め切りに追われた作家が、「缶詰」と称してホテルの一室に閉じこもって（閉じこめられて）小説を書いたりするのも、そのひとつに気が散る対象を減らすためという理由があるのです。

いやいや、自分はスターバックスみたいなカフェで仕事や読書するほうが集中できるという人もいるでしょう。それはある意味当然のことなのです。

自分の家だと集中できないのに、周りに他人がいて騒音だらけのカフェのほうがはるかに集中できる理由は簡単です。

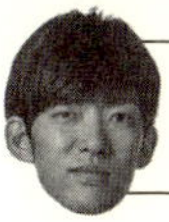

**運のいい人は
持ち物が少ない**

それは、「自分の持ち物以外はなにもない」状態だからなのです。

断捨離をするということは、つまり、自分の集中力を分散させてしまう余計なものを捨てることによって、本当に必要なやるべきことにそのぶんの集中力が注がれることで、やるべきことが効率化されて、よりよい結果を生み出している。つまり、よく言われる「気の流れ」がよくなったとか、「運気がよくなった」というわけではないということです。

部屋の散らかり具合が人間の心理にどう影響を与えるかを調べた面白い実験があります。

散らかっている部屋と、キレイに片付けられた部屋にそれぞれ人を入れると、散らかった部屋に入った人は、自分にとってよくない選択を取りやすくなるという傾向が見られる。

ジャンキーな物を食べ、怠惰な生活を送り危険な行為を行うようになる。そうなると部屋はますます汚れ、生活はますます乱れていくという負のスパイラルが起きるのです。

当然のことながら、ゴミ屋敷に住んでいる人で運のいい人はいません。

選択肢を絞ると運がよくなる

断捨離をしなければならなくなるのは、元々それほど必要ではないものを買い込んだせいでもあります。

だったら、最初からいらないものは買ったりもらったりしなければいいのです。

ついつい買ってしまって後悔しないためにひとつアドバイスをしましょう。

買い物をするときは、まず店を見る順番に気をつけることです。

人間の心理には、最初に見たものと2番めに見たものの差が、実際より大きく感じる「コントラスト効果」という作用があります。

ウィンドウに10万円台の商品が並んでいる店に入ると、中に陳列されている商品の値段が意外と安くて「あ、これくらいなら買えそう」と思ったことはありませんか。

これはその店がこのコントラスト効果を狙っているからなのです。

この効果を逆に利用して、買い物をするときはまず、アウトレットやファストファッション店を回って値段をチェックしてから高級店に行くと、どれもこれも高いので買う気が一気に薄れるはずです。

女性が男性に比べてより買い物好きなのは、脳内物質のドーパミンが関係していると言われています。

気に入った服を見つけると、興奮して脳内にドーパミンが放出されるのですが、それはその服を着てキレイになっている自分を期待するからだと言われています。

ドーパミンは、人に期待をもたせるホルモンで、喜びを与えたり、活動的にしたりするわけではありません。

そうやってドーパミンが出ている状態のときは期待値が高まっているので、その勢いでつい買い物しすぎてしまいます。そうなる前に、インターネットなどで先に欲しいと思っている商品をよく見ておけば、実際にお店に行ったときには、それほどドーパミンが出ないので、本当に必要かどうか冷静に判断をくだすことができるのです。

賢いお金の使い道について私がいつも考えているのは、自分の人生にとって、大事なことを決めておくということ。

私にとってのそれは、本と猫、そしていつか出会うであろう将来の妻。この3つのためであればいくらでもお金を使おうと思っていますが、それ以外の関係ないものに対してお金は使いません。

人間は選択肢が多ければ多いほど不幸になるという、「選択肢のパラドックス」があるからです。選ぶことに時間がかかって疲れてしまったり、選び終わったとしても他の選択肢を捨てることにストレスを感じてしまうのです。

アップルの創設者のスティーブ・ジョブズや、フェイスブックのＣＥＯのマーク・ザッカーバーグは、いつも同じ服を着ていることで知られていますが、２人がそうするのは服の選択で無駄な時間とエネルギーを使いたくないという理由からでした。

選択は意外とエネルギーを奪います。

だからそうならないように自分で一定の基準を作っておくことは、人生においてとても大切です。

迷えば迷うほど、人は自制心が働かなくなり、欲求に負けやすくなる。つまりは運が悪くなっていくのです。

最も運がいいのは、挑戦できる若さを持っている人

有り余るほどの富を持っている人も、財産と呼べるほどの財産もない平凡な一般人も、一生に使える時間は同じです。

歴史を振り返ってみても、王様だとか大金持ちと呼ばれる人たちが必ずと言っていいほど不老長寿の薬などを手に入れようとするのは、一生かかっても使い切れない富を持っているからです。だから、寿命を延ばして贅沢な生活を続けたいわけです。

あなたがまだ若い人なら、自分はなにも持っていないと嘆く前に、どんなにお金を積んでも絶対に買うことのできない「時間」があることを思い出すことです。老い先の短い人から見れば、若いというだけでめちゃくちゃ運がいいのです。

戦争と結婚生活は、始めるのは簡単だが、終わらせるのが難しいと言います。

恋愛で悩む人も同じで、「もうやめたほうがいいかも」と思いながら、やめどきがわからずズルズルとひどい恋愛を続ける。特に女性の場合は時間を大切にするべきです。

ギャンブルで言えば、降りるべきところで降りないでズルズルと賭け（ベット）を続けている状態だと言えるでしょう。ここまで来てしまったら、いまさらもう引き返せないと思い込んでいて、損切りができない状態になっているのです。

恋愛だけではありません。他にやりたい仕事があるのに、いまの会社に惰性でズルズルと居続けて辞められないのは、やはり損切りができないからです。

自分がここ一番で大勝負をしかけるべきことがわかれば、自分の貴重な持ち時間を思い切ってすべてそこにベットできます。

それがわかっていないと、あっちやこっちに目移りしながらベットしているうちに、気がついたらもう賭けるチップが残っていないということになるのです。

「元気があれば、なんでもできる」と言ったアントニオ猪木にならって言えば、「時間があれば、なんでもできる」のです。新しい恋愛も始められるでしょうし、お金だって貯められる。時間を大切にしましょう。

金運をよくする方法を書かなかった理由

身の周りから「どう考えてもおかしい」と思うものを省いていくだけで運はよくなっていきます。「金運がよくなる」と言われたら、反射的に思いがけないお金が入ってくることと思う人が多いようですが、**余分なお金があなたの財布から出て行かなくなるということは、それも「金運がよくなる」ということなのです。**

ここまで読んだあなた、もしかして、「え、金運をよくするってそれだけ?」って思いませんでしたか?

残念ながら、「それだけ」なんです。

その理由は、お金の本質を考えてみればわかります。

元々、お金というものは、森のキノコのように自然発生的に生み出されるものではありません。サービスや労働のように、なにかを行った結果、手に入るものです。

金運もそれと同じです。ある人が自分で会社を作って、頑張って大きくして、その株式を公開したら、それに思わぬ高値がついた。これは金運がよかったと言えます。でも、その金運は、その人が頑張ったからついてきたわけで、なにもしない人に金運はつきようがないのです。

たとえば、あなたがイタリア料理を食べたくなったとします。それでスーパーに行きます。必要な食材はすべて揃っています。レシピ本も売っています。でも「イタリア料理」そのものは売っていません。それが食べたかったら、食材とレシピ本を手に入れて、自分で作るしかないわけです。

つまり金運を探し求めている人というのは、この「イタリア料理」そのものを求めている人と同じなのです。

だから金運だけを求めている人が、手に入れることができるものは、当たる可能性がほとんどない、宝くじくらいしかない。

それが、私があえて「金運」をよくする方法を書かなかった理由です。

「運がいい人は、てるてる坊主を作る前に、傘をかばんに入れる人」

あとがき

「運というものは実に得体が知れないもの」

現代になっても、運にはいまだにそんなイメージがつきまとっています。

だからこそ人は得体の知れないものでなんとかしようとしてきた。

不幸が続くのは、先祖の祟りとか、お墓の向きがどうとか、前世で悪いことをした報いだとかなんとか……。

そんな言葉にそそのかされて、多くの人が厄除けグッズや開運グッズを買ったり、新興宗教に入ったり、超能力者に頼ろうする。

これは本当に運によるものなのか、それとも他に原因があるのか、そこのところをきちんと問題を分解できていないから意味不明のもので解決しようとしてしまっていたわけです。

でも、実は運というのはそれほど不可解なものではないのだということが、本書を読んで理解していただけたのではないでしょうか。

何度も言いますが、運にはコントロールできる運と、できない運があります。

明日、雨が降るかどうかわからない。

どんなに雨が降るのが嫌でも、私たちにはコントロールする術がありません。

だったら人ができることはなにかというと、バッグの中に傘を入れておくことなんですね。

ところが運に頼る人たちというのは、明日雨が降らないように祈ったり、てるてる坊主を作ったりといろんなことをしているのに、バッグの中に傘を入れて行かないんです。

そんなバカなヤツはいないと思うかもしれませんが、これに似たようなことをしている人はたくさんいます。

確かに、この世界には「運のよし悪し」はあります。

でも、なにが起きてもいいように、どっちに転んでもいいように準備しておくこと。それが偶然の運への究極の対処法なのです。


コントロールできない偶然による運を探し求めてさまようことをやめ、コントロールできる運に気づいて、それをさらによくしていくこと。

いつも「運がいい」と感じている人は、人生がいつも自分の思った通りになると言います。

月なみですが「やればできる」と言う。

その言葉に嘘偽りはないと思います。

人生は、やればやったぶんだけなにかを返してくれる。それを人は「幸運」と呼ぶのです。

このシンプルな事実に気づいたあなたが、人生を実りあるものにできるようになるのであれば、筆者としてこれ以上の幸せはありません。

メンタリストＤａｉＧｏ

参考文献

『運のいい人の法則』
リチャード・ワイズマン　角川文庫

『その科学があなたを変える』
リチャード・ワイズマン　文藝春秋

『きわどい科学』
マイケル・W・フリードランダー　白揚社

『数学オンチの諸君！』
ジョン・アレン・パウロス　草思社

『眠れぬ夜のグーゴル』
A・K・デュードニー　アスキー

『セレンディピティと近代医学』
モートン・マイヤーズ　中公文庫

『まぐれ ～投資家はなぜ、運を実力と勘違いするのか』
ナシーム・ニコラス・タレブ　ダイヤモンド社

『「ツキ」の科学 ～運をコントロールする技術』
マックス・ギュンター　PHP研究所

『運は数学にまかせなさい ～確率・統計に学ぶ処世術』
ジェフリー・S・ローゼンタール　ハヤカワ文庫

Staff

ブックデザイン：斉藤啓／ブッダプロダクションズ

企画編集：平田静子／ヒラタワークス（株）

白崎博史

校正：KAORI

撮影：田中振一

ヘアメイク：永瀬多壱（VANITES）

DTP：アイ・ハブ

ネガティブな人ほど運がいい!?

2015年11月5日　初版第1刷発行

著　者　メンタリスト DaiGo

©Mentalist DaiGo

発行者　栗原武夫

発行所　KK ベストセラーズ

〒170-8457 東京都豊島区南大塚 2-29-7

電話 03-5976-9121（代表）

http://www.kk-bestsellers.com/

印刷所　近代美術

製本所　積信堂

ISBN 978-4-584-13685-0　C0011